Ralf Biebeler

Arbeiten mit Bild und Ton
Ein Leitfaden für Auszubildende Mediengestalter Bild/Ton

Ralf Biebeler

Arbeiten mit Bild und Ton

Ein Leitfaden für Auszubildende Mediengestalter Bild/Ton

SCHIELE & SCHÖN

ISBN: 978-3-7949-0825-7

© Fachverlag Schiele und Schön 2011
1. Auflage

Für die in diesem Buch enthaltenen Angaben wird keine Gewähr hinsichtlich der Freiheit von gewerblichen Schutzrechten (Patente, Gebrauchsmuster, Warenzeichen) übernommen. Auch in diesem Buch wiedergegebene Gebrauchsnamen, Handelsnamen und Warenbezeichnungen dürfen nicht als frei zur allgemeinen Benutzung im Sinne der Warenzeichen- und Markenschutzgesetzgebung betrachtet werden. Die Verletzung dieser Rechte im Rahmen der geltenden Gesetze ist strafbar und verpflichtet zu Schadenersatz.

© 2011 Fachverlag Schiele & Schön GmbH, Markgrafenstr. 11, 10969 Berlin.
Alle Rechte, insbesondere das der Übersetzung in fremde Sprachen, vorbehalten. Ohne ausdrückliche Genehmigung des Verlages ist es auch nicht gestattet, dieses Buch oder Teile daraus in irgendeiner Form zu vervielfältigen. Printed in Germany.

Für Schäden gleich welcher Art (Computer, in finanzieller Hinsicht etc.), die aufgrund der Nutzung der in diesem Buch aufgeführten Informationen auftreten, wird keine Haftung übernommen.

Lektorat Björn Schöning
Gestaltung Karen Weirich
Satz Fachverlag Schiele & Schön GmbH
Produktion NEUNPLUS1, Berlin

Vorwort

Der Beruf des Mediengestalters Bild und Ton und ähnliche gestalterisch geartete Berufe werfen, gerade bei Anfängern, natürlich Fragen auf. Dabei geht es größtenteils um technische Aspekte der Branche, wie die Unterschiede zwischen SD und HD, was bedeutet PAL, was NTSC, was ist der Goldene Schnitt, etc. Die Fragen gleichen sich oftmals und werden im Laufe der Berufsausübung doch immer wieder neu gestellt. Maßgeblich dafür ist die Häufigkeit der Arbeit in einem bestimmten Bereich. Wird mehr im Audiobereich gearbeitet, so kann man mit dem Wert 3200 Kelvin auf Anhieb wenig anfangen. Dagegen ist bei der Arbeit im EB Kamerabereich eine Phasenumdrehung bei einem Audiosignal nicht gleich offensichtlich. Der reine Editor wird wohl weniger mit Phantomspeisung zu tun haben und der Sounddesigner schaltet bei DVCPROHD schnell ab.

Oft liegt es daran, dass während einer Berufsausbildung nicht jedes Thema bedient werden kann, da der Ausbildungsbetrieb nicht die gesamte Palette des Ausbildungsberufes abdeckt. Auch kann es daran liegen, dass das Interesse des Auszubildenden, oder aber des Berufsanfängers anders ausgerichtet ist. Das ist nicht negativ zu verstehen, sondern positiv, da sich so andere Kompetenzen herausbilden, die die „eierlegende Wollmilchsau" nicht entwickeln kann. Diese ist nach wie vor an vielen Stellen in der Medienbranche anzutreffen. Der multifunktionale Alleskönner hat dabei nicht nur Vorteile. Doch für den umfassenden Blick als Mediengestalter ist es nötig alle Bereiche zumindest mit den Grundvoraussetzungen abzudecken.

Dieser Leitfaden gibt einen Überblick über die Fragen, die sich ständig stellen oder denen Sie sich stellen müssen. Es geht dabei nicht nur um Technik, Bild und Ton, sondern auch um betriebswirtschaftliche Komponenten, wie den Umgang mit Kunden, die Arbeit mit einer CI (=Corporate Identity) oder das Verhalten gegenüber weiteren Dienstleistern der Branche.

Der Leitfaden richtet sich in der Hauptsache an Mediengestalter Bild und Ton, Kameramänner und -frauen, sowie Videoeditoren, die in ihrer täglichen Arbeit die bereits erwähnte „eierlegende Wollmilchsau" sein müssen. Mediengestalter, die sowohl den Umgang mit Kunden lernen, als auch konzipieren, drehen, schneiden und ausliefern müssen. Der Leitfaden erhebt keinen Anspruch auf Vollständigkeit und ist in letzter Instanz das, was sein Name vorgibt – ein Leitfaden. Alle aufgeführten Punkte können von Fall zu Fall anders behandelt werden, werden in der Praxis jedoch oftmals so gehandhabt, wie hier dargestellt. Wie es in den einzelnen Unternehmen aussieht, bestimmt jeder für sich selbst, denn jedes Unternehmen hat seine eigenen Verbindlichkeiten.

Viele technische Aspekte in diesem Leitfaden werden als Grundwissen vorausgesetzt, da der Berufsanfänger bereits in den ersten Monaten damit konfrontiert werden sollte. An Stellen an denen es dennoch notwendig ist näher auf die technischen Details einzugehen, wird dies auch entsprechend getan. Das Buch dient nicht als Ersatz für eine gute Berufsausbildung. Sie werden an vielen Stellen über Begriffe stolpern, die Ihnen eventuell nichts sagen und die auch nicht weiter erklärt sind. Hierfür richten Sie Ihre Fragen bitte an Ihren Ausbildungsbetrieb oder Ihre Schule. In keinem Fall erhebt das Buch den Anspruch eines allgemeingültigen Kompendiums für die Ausbildung zum Mediengestalter Bild und Ton.

Während des Leitfadens wird oft mit branchenüblichen Begriffen gearbeitet. So ist ein „Bild" nicht zwangsläufig als Standbild zu verstehen, sondern oftmals gleichgesetzt mit „Einstellung". Auch der Chef entspricht je nach Unternehmensgröße dem Vorgesetzten oder dem Geschäftsführer. In der Medienbranche sind viele Unternehmen relativ klein, weshalb eine Mischung der Begriffe unvermeidbar ist. Auch wird oft einfach nur vom „Editor" gesprochen. Im herkömmlichen Sinn ist der Editor tatsächlich nur die Person, die einen Film schneidet. VFX-Künstler (Visual Effects) oder Compositing Artists kümmern sich in der Regel um Keying und Spezialeffekte im Film. Der Einfachheit halber, und da es in vielen kleineren Unternehmen auch eher nur eine Person für Schnitt und Effekte gibt, wird in diesem Buch nur vom „Editor" gesprochen – selbst wenn es um Aufgaben geht, die eigentlich ein VFX oder Compositing Künstler ausführt.

Inhaltsverzeichnis

5 Vorwort

7 Inhaltsverzeichnis

9 Der Kunde
Einleitung
Erstkontakt
Angebot und Nacharbeit
Erwartungshaltung
Kundenpflege
Kurze Vertragslehre

30 Konzeption
Einleitung
Grundgedanken
Das Drehbuch

36 Disposition
Einleitung
Organisation

43 Dreharbeiten
Einleitung
Arbeitssicherheit
Selbstvertrauen
Licht
Ton
Regie
Kamera
Technische Aspekte
   Das Aufnahmeformat
   Fokus
   Auflagemaß
   Weißabgleich und Schwarzabgleich
   Blende und Zebra

   Shutter
   ND- Filter
   Blende, ND-Filter, Shutter und Tiefenschärfe
Die Optik reinigen
Sucher und Kameramonitore
Spiegelungen
Kamerabewegungen
Anschlussfehler
Bildaufbau
Die Hauptfiguren
Einstellungsgrößen
Blue-, Greenscreen und Keying

77 Schnitt
Einleitung
18 Regeln für guten Schnitt
Zahlen und Begriffe die sitzen müssen

90 Technik
Schnittstellenkunde

95 Vertonung
Einleitung
Atmosphäre
Sprechertexte
Sprecher
Übersetzung und Sprachaufnahme
Musik

104 Webseiten und Bücher
Interessante Webseiten
Interessante Bücher

108 Stichwortverzeichnis

Der Kunde

Einleitung

Kapital eines jeden Unternehmens ist der Kunde. Mitarbeiter werden genau wie das Equipment, die Hotelübernachtung, Catering oder der Mietwagen vom Kunden bezahlt. Sich dies vor Augen zu führen ist immens wichtig und muss den Umgang mit jedem einzelnen Kunden bestimmen. Der Kunde ist König, unabhängig davon welche persönliche Meinung Sie von einem Kunden haben oder wie schwierig sich Gespräche mit dem Kunden gestalten. Es ist nicht nur die Aufgabe des Chefs sich mit jedem Kunden gut zu stellen und diesen Kontakt zu pflegen. Jeder Mitarbeiter eines Unternehmens ist selbstständig dafür verantwortlich, dass ein Kunde zufrieden ist. Mitarbeiter, die dies nicht beherzigen, werden auf Dauer keinen Platz in einem Unternehmen finden, da durch sie permanent die Gefahr besteht, Kunden zu verlieren. Dies sollten sich auch Auszubildende bereits vor Augen führen. Eine Ausbildung sollte bestenfalls in eine Festanstellung münden. Ein Unternehmen stellt jedoch nicht nur Mitarbeiter an, die den jeweiligen Beruf erlernt haben, sondern im Idealfall Menschen, die sozial, aber auch wirtschaftlich weitestgehend selbstständig agieren. Ein Auszubildender, der bereits früh eigenmächtig erkennt wann er ans Telefon gehen sollte, wie er mit Kunden redet und sich vor ihnen präsentiert, hat am Ende der Ausbildung weit höhere Chancen übernommen zu werden. Behalten Sie also grundsätzlich im Hinterkopf: Es ist nicht nur die Aufgabe des Geschäftsführers einen guten Kontakt zum Kunden zu pflegen.

> »Nicht nur der Geschäftsführer allein hat die Aufgabe
> einen guten Kontakt zum Kunden zu pflegen«

Ein zufriedener Kunde sagt ein bis zwei Menschen, wie zufrieden er ist.
Ein unzufriedener Kunde sagt mindestens zehn Menschen, wie unzufrieden er ist. Diese Regel hat sicher jeder schon bei sich selbst bemerkt. Wenn Sie unzufrieden mit der Leistung eines Unternehmens sind, so erzählen Sie dies bereitwilliger, als wenn Sie zufrieden mit einer Leistung sind. Das sagen Sie bestenfalls, wenn Sie von einem Freund oder einem Bekannten um eine Meinung gebeten werden.

Erstkontakt

Ein Kunde kann recht schnell, häufig schon nach den ersten paar Worten, eingeordnet werden. Sie haben es in dieser Branche im Normalfall mit Mitarbeitern aus dem Marketing eines Unternehmens zu tun. Diese Menschen wissen meistens recht genau was sie benötigen und suchen in Ihrem Unternehmen einen Dienstleister, der sie unterstützt. Oft sprechen Sie, zumindest in gestalterischer Hinsicht, auf Augenhöhe mit dem Kunden. Bei technischen Aspekten sind auch Marketingmitarbeiter meist nicht informiert.

Die andere Kundenklientel ist diejenige, welche weiß, dass etwas „Bewegtes" benötigt wird. Wie sich dies gestaltet ist vielen jedoch nicht gänzlich bewusst. An dieser Stelle müssen Sie bereits frühzeitig Vorschläge unterbreiten, um den potentiellen Kunden nicht an die Konkurrenz zu verlieren. Hier ist es besonders wichtig möglichst schnell das Vertrauen des Anfragenden zu gewinnen. Dies gelingt zum Einen durch Freundlichkeit – das A und O, nicht nur im Geschäftsleben. Zum Anderen gelingt es durch die richtigen Fragestellungen. Diese müssen Sie sich als Auszubildender aneignen oder sich Unterstützung durch Mitarbeiter und Ihren Chef holen.

Sind Sie neu im Unternehmen, so sollten Sie nicht gleich mit dem Telefon allein gelassen werden. Auch E-Mails mit Kundenanfragen werden in den seltensten Fällen direkt zu Ihnen geleitet. Doch im Laufe der Zeit freut sich jeder Geschäftsführer darüber, dass auch seine Auszubildenden eigenständig Anrufe annehmen und Kundenkontakte bearbeiten. Fühlen Sie sich unsicher bei der Neukundenbearbeitung, so reden Sie darüber mit Ihrem Chef. Nur er kann geeignete Maßnahmen ergreifen und mit Ihnen einen Fragenkatalog ausarbeiten, so dass auch Sie zukünftig problemlos mit Neukunden telefonieren können. Als Leitfaden für ein Telefongespräch können Sie folgende Punkte beachten:

Mit wem sprechen Sie gerade?
Haben Sie den Namen des Anrufers, die Firma oder beides am Anfang nicht verstanden, so müssen Sie am Ende des Gesprächs unbedingt nachhaken. Schreiben Sie den Namen des Kontaktpartners auf. Dies erweckt beim Kunden das Vertrauen, dass er ernst und wichtig genommen wird und hat auch ganz eigennützige Relevanz – Sie geraten nicht in die Gefahr später nicht mehr zu wissen mit wem Sie telefoniert haben. Selbst wenn Sie den Kontakt zukünftig nicht weiter bearbeiten, ist es für Ihren Kollegen wichtig zu wissen wen Sie am Telefon hatten. Dies gilt übrigens für sämtliche Telefonate, die Sie führen. Schreiben Sie immer auf mit wem Sie telefoniert haben.

Wie kann man mit dem Kunden in Kontakt treten?
Die Kundendaten sind wichtig zur Erstellung eines Angebots. Es empfiehlt sich immer mindestens die Website in Erfahrung zu bringen, um von dieser die Adresse zu erhalten. Im besten Falle gilt es gleich am Telefon nach der Adresse zu fragen. Die Telefonnummer oder eine E-Mail- Adresse sind obligatorisch. Vernachlässigen Sie diesen Punkt keinesfalls. Fragen Sie nach, wenn Sie etwas nicht verstanden haben. In 90 % der Fälle geht es gut, selbst wenn Sie einmal etwas falsch aufgeschrieben haben oder vergessen haben zu fragen. In 10 % der Fälle geht es nicht gut und Ihrem Unternehmen entgeht eventuell ein Kunde.

Wie hat der Kunde von Ihrem Unternehmen erfahren?
Für die eigenen Marketingaktivitäten einer Firma ist es wichtig zu wissen, wie der Kunde auf die Firma aufmerksam geworden ist. Diese Information hilft Ihnen im ersten Moment nicht weiter. Sie lockern damit jedoch ein Gespräch auf und führen es nicht gleich auf die Geschäftsebene. Außerdem helfen Sie so Ihrem Geschäftsführer nachzuvollziehen, welche Marketingmittel sich auszahlen. Diese kurze Frage bringt Ihnen bei späteren Anstellungsverhandlungen Punkte ein, da Sie somit Ihrem Vorgesetzten indirekt zeigen, dass Sie sich ganzheitlich um das Unternehmen kümmern.

Was genau benötigt der Kunde?
Wenn er es selbst nicht weiß, dann muss beratend zur Seite gestanden und weiter nachgehakt werden. Dabei ist Ihre Hilfe besonders wichtig. Benötigt er einen Imagefilm oder eine Produktpräsentation? Soll es ein POS-Video sein oder ein TV-Spot? Soll die Option offen gehalten werden den Film in andere Sprachen zu übertragen?

Bedenken Sie, dass nicht jedem Kunden klar ist was genau der Unterschied zwischen Imagefilm oder Produktvideo sein soll. Fragen Sie den Kunden also nicht nach dem Produkt, welches er von Ihrem Unternehmen kaufen möchte, sondern nach seinem Ziel. Kennen Sie das Ziel des Kunden so ist es einfacher ihm das passende Produkt zu erklären. Ein Beispiel:

Ihr Kunde hat ein neues Produkt und möchte das möglichst effektiv bewerben. Anstelle ihm das POS-Video vorzuschlagen oder den YouTube Film verzichten Sie auf die Fachwörter Ihrer Branche. Machen Sie mit dem Kunden doch einfach aus ein kurzes Produktvideo zu erstellen, welches der Kunde sowohl im Internet, als auch direkt dort, wo das Produkt verkauft wird, anwenden kann. Ob der Film nun als YouTube-Video, als Webvideo, als POS-Video oder wie auch immer tituliert ist, ist dem Kunden letztendlich egal. Reden Sie mit Ihrem Kunden über den Nutzen eines Films, nicht über den Namen.

> *»Reden Sie mit Ihrem Kunden über den Nutzen eines Films,
> nicht über seinen Namen.«*

Es gibt viele Fragen, die sich nicht einfach mit einem Telefongespräch klären lassen. Haben Sie das Gefühl, dass der Kunde umfassendere Beratung benötigt, so machen Sie einen Termin fest. An diesem Termin treffen Sie sich bei dem Kunden und nehmen sich Zeit. Gleichzeitig können Sie Ihr Unternehmen vorstellen und weitere Leistungen anbieten. Dies werden Sie natürlich nicht allein tun, sondern immer mit einem Mitarbeiter zusammen. Doch jeder Geschäftsführer ist glücklich, wenn er die Chance erhält mit einem Kunden in Ruhe ein Projekt zu besprechen.

> *»Ein persönlicher Termin beim Kunden ist für
> jeden Geschäftsführer Gold wert.«*

Bei einigen Kunden stellt sich schnell heraus, dass kurzfristig Leistungen benötigt werden. Dabei geht es oft darum als Kameramann oder als EB-Team für einen Dreh gebucht zu werden. Hin und wieder kommen Fragen zur Technik, die in Ihrem Unternehmen vorhanden ist. Bereiten Sie sich darauf vor. Sie müssen wissen mit welchen Arbeitsmaterialien Sie arbeiten. Dabei geht es nicht nur um Typbezeichnungen, sondern maßgeblich darum, wofür welche Technik angewendet werden kann und was letztendlich dabei heraus kommt. Möchte Ihr Kunde ein Digibeta-Tape am Ende des Aufnahmetages haben, so müssen Sie wissen, ob Sie ein Digibeta-Tape oder nur ein Beta-Tape liefern können.

> *»Sie müssen wissen
> mit welchen Arbeitsmaterialien Sie arbeiten.«*

Wichtig ist ebenfalls zu erfragen, bis wann eine Leistung spätestens erbracht werden muss. Es gibt einen Unterschied zwischen einer Deadline und dem finalen Einsatz eines Filmes. Im Idealfall liegen zwischen Deadline und Einsatztag mindestens zwei Wochen, um noch Korrekturen vornehmen zu können. Sprechen Sie mit dem Kunden darüber und machen Sie ihm dies klar. Oft ist es der Fall, dass Kunden unter Zeitdruck zu Ihnen kommen. Dies liegt für gewöhnlich daran, dass sie nicht einschätzen können wie viel Aufwand in der Produktion eines Films steckt. Keinesfalls dürfen Sie Ihren Kunden dafür verantwortlich machen. Finden Sie gemeinsam eine Lösung. Schlimmstenfalls müssen Sie, als Servicedienstleister, in den sauren Apfel der Überstunden beißen. Auszubildende müssen keine Überstunden machen. Sie haben das Recht nach einem 8-Stunden Tag nach Hause zu gehen. Ob dies jedoch ratsam ist, wenn ein Projekt in den letzten Zügen ist oder unter Zeitdruck noch ein weiteres Projekt bearbeitet werden muss, ist eine andere Frage. In der Medienbranche kommt es oft zu sehr flexiblen Projektarbeitszeiten, so dass geleistete Überstunden an anderer Stelle sicher auch abgebaut werden können. In der Berufsschule werden Sie gegenteilige Meinungen lernen, doch teilweise haben diese mit der Realität im Unternehmensalltag recht wenig zu tun. Dies sollte für Ihr Unternehmen jedoch kein Freifahrtschein für Mehrarbeit sein. Fühlen Sie sich als Auszubildender überlastet oder ungerecht behandelt, so reden Sie mit Ihrem Chef oder einem geeigneten Berufsschullehrern darüber.

Wofür benötigt der Kunde den Film, die Musik,…?
Dies zu wissen ist wichtig, um schon im Vorfeld abschätzen zu können an welchen Stellen Mehraufwand auftritt – entweder technischer oder aber finanzieller Natur. Benötigt der Kunde einen Film nur für eine Messe oder plant er ein Direct-Mailing an mehrere Haushalte oder eigene Kontakte? Möchte der Kunde den Film hauptsächlich im Internet zeigen oder braucht er etwas für seinen Außendienst? Will er Emotionen vermitteln oder ein Produkt verkaufen? Möchte er eine Telefonwarteschleife oder einen Radiojingle. Machen Sie sich mit den Dienstleistungen Ihres Unternehmens vertraut. Sie müssen in jedem Fall alle angebotenen Leistungen kennen, um am Telefon auch sagen zu können was Sie liefern können und was nicht.

> »Machen Sie sich mit den Dienstleistungen
> Ihres Unternehmens vertraut.«

Hat der Kunde bereits Vorstellungen über den Inhalt des Films?
Idealerweise kann der Kunde bereits Ansichtsvarianten von Konkurrenten, o. ä., liefern. Häufig ist es so, dass bereits alte Videos vorliegen, die erneuert werden sollen. Die Regel ist jedoch, dass ein Kunde einen gänzlich neuen Film benötigt. Es ist einfacher für eine Angebotskalkulation, aber auch für eine Konzeptentwicklung, wenn der Kunde schon Vorstellungen mitbringt. Ist ihm dies noch nicht klar, dann sollten Tendenzen erfragt werden. Soll der Film informieren oder unterhalten? Darf polarisiert werden oder sollte eher konservativ produziert werden? Wie schätzt der Kunde das Zielpublikum des Films ein? Hat er eine Budgetvorstellung oder Vorgaben?

Fallbeispiel: Der Kunde möchte ein Video!
Wofür möchte der Kunde das Video einsetzen? Soll es verkaufsfördernd sein, eine Marke platzieren oder schlicht und einfach einen Namen publik machen? Wo wird es eingesetzt? Ist es rein für das Internet gedacht – also YouTube und Co. – oder soll eine DVD oder gar eine Blu-ray erstellt werden? Läuft der Film auf einer Messe oder im Fernsehen? Was stellt sich der Kunde inhaltlich vor? Möchte er Realbilder oder eine reine Animation? Soll es sogar eine Kombination von beidem sein? Möchte er einen Cartoon, etwas Illustriertes oder gar so Spezielles wie Knetfigurenanimationen oder einen Stopp-Trick?

Achtung: Je nachdem, wie sehr sich Ihr Kunde bereits mit dem Thema beschäftigt hat, kann er Ihnen mehr oder weniger präzise Antworten geben. Im Zweifel sind immer Sie es, der Vorschläge unterbreiten muss.

Möchte der Kunde mit Realbildern arbeiten, so ist zu klären, ob professionelle Schauspieler, Laiendarsteller oder gänzliche Amateure gewünscht sind. Professionelle Schauspieler sind teuer, jedoch sehr überzeugend und schnell in ihrer Arbeitsweise. Laiendarsteller sollten nicht für Sprechrollen engagiert werden und Amateure können die Drehzeit verdoppeln und im schlechtesten Falle nicht überzeugend wirken. Folgende Vor- und Nachteile sind dem Kunden offenzulegen:

Vorteile professioneller Schauspieler
- Schnelles und effizientes Arbeiten. Die Drehzeit wird immens verkürzt.
- Der Schauspieler kann sehr schnell seine Rolle ändern und reagiert auf kleinste Anmerkungen mit einem anderen Schauspiel.
- Der Schauspieler kann selbst ein Verhalten anbieten, so dass der Regisseur und der Kunde während des Drehs an der optimalen Darstellung arbeiten können.
- Schauspieler können in der Regel auch sprachlich überzeugen.

Nachteile professioneller Schauspieler
- Viele Profischauspieler sind in Großstädten anzutreffen, so dass eine Produktion außerhalb großer Städte oft noch mit Reisekosten, sowie Übernachtungskosten für den Darsteller verbunden ist.
- Schauspieler sind nicht günstig. Gagen ab 1.000,- € aufwärts sind die Regel.
- Schauspieler übertragen ihre Nutzungsrechte häufig nur für einen gewissen Zeitraum oder für eine bestimmte Nutzung, so dass bei einer Weiterverwendung der Aufnahmen erneut Gebühren anfallen.
- Wenn bereits Geld in professionelle Schauspieler investiert wird, dann lässt sich auch eine Maske oder ein/e VisagistIn nicht vermeiden. Dies verursacht Mehrkosten, wenn sich diese auch im Rahmen halten.

Vorteile von Laiendarstellern
- Laiendarsteller finden sich in regionalen Theatergruppen und sind deshalb verhältnismäßig leicht zu finden. Dies soll keinesfalls bedeuten, dass in Theatern nur Laien arbeiten.
- Laiendarsteller sind günstiger als professionelle Schauspieler
- Auch Laiendarsteller können an einigen Stellen alternativ schauspielern, wenn auch nicht immer so hervorragend, wie professionelle Darsteller.

Nachteile von Laiendarstellern
- Laiendarsteller sind beruflich oft gebunden, da sie nur in ihrer Freizeit schauspielern. So ist eine Terminplanung mit einem Laien nicht immer einfach.
- Manchmal wirken Laiendarsteller bei sprachlicher Darstellung nicht überzeugend, selbst wenn sie vom Typ her in eine Rolle passen. Dies ist ein gewagtes Urteil, denn natürlich gibt es solche und solche Darsteller. Ob der entsprechende Laiendarsteller in den Film passt, können Sie nur durch Arbeitsproben erfahren.
- Laiendarsteller können die Drehzeit verlängern, wenn auch nicht so drastisch wie das bei Amateuren anzunehmen ist.

Vorteile von Amateuren
- Amateure sind sehr kostengünstig.
- Viele Menschen möchten gern einmal in einem Film mitspielen. Aus diesem Grund lassen sich Amateure auch gut im Freundes- und Bekanntenkreis finden.
- Amateure sind dankbar und lassen sich vom Regisseur oder vom Kameramann leicht steuern.

Nachteile von Amateuren
- Amateure sind in der Regel nicht für Sprachrollen geeignet.
- Amateure können normalerweise kein alternatives Schauspielern anbieten.
- Stellen Amateure fest, dass Dreharbeiten doch länger dauern, als sie selbst dachten, so kann es vorkommen, dass sie die Lust verlieren. Dies ist in jedem Fall auch im Bild ersichtlich.
- Amateure lassen sich zwar gut steuern, doch in der Regel sind sie einfallslos und müssen komplett dirigiert werden.
- Amateure strecken die Drehzeit im Normalfall sehr stark, da es lange dauert, bis eine zufriedenstellende Szene gedreht wurde.

Egal für welchen Darsteller (außer beim Amateur aus dem Bekanntenkreis oder bei Darstellern, die keine eigenen Rechnungen schreiben können) sich der Kunde entscheidet, Ihr Unternehmen muss für jeden Schauspieler Beiträge an die Künstlersozialkasse abführen. Die KSK ist vergleichbar mit der gesetzlichen Kranken- und Rentenversicherung. Freiberuflich tätige Publizisten und Künstler, also auch Schauspieler, können sich über die KSK versichern lassen und tragen so nur die Arbeitnehmeranteile an ihrer Sozialversicherung. Produzierende Unternehmen müssen einen prozentualen Anteil einer jeden Darstellergage an die KSK abführen, so dass diese sich finanzieren kann. Dieser Beitrag schwankt jedes Jahr (2006: 5,5 %, 2007: 5,1 %, 2008: 4,9 %, 2009: 4,4 %). Neben Schauspielern sind bildende Künstler, Musiker, Sprecher und Journalisten bei der KSK versichert, insofern sie nicht privat versichert sind.

*»Ihr Unternehmen muss für jeden Schauspieler
Beiträge an die Künstlersozialkasse abführen.«*

Wenn der Kunde Animationen von Häusern, Maschinen oder industriellen Produkten integrieren möchte, dann ist es gut zu wissen, ob CAD-Daten vorliegen. Mit diesen Daten kann einfacher im 3D-Bereich gearbeitet werden. Wichtig ist ebenso zu erfahren in welchem CAD-Format die Daten geliefert werden können. Im Gegenzug muss klar sein mit welchen Formaten das hausinterne 3D-Programm arbeiten kann oder welche Formate Sie an eine VFX-Agentur liefern können. Gängige Austauschformate im 3D-Bereich sind DXF, OBJ oder VRML. Sie sollten prüfen mit welchem Format ein etwaig vorhandenes 3D-Programm in Ihrem Unternehmen arbeiten kann. Unterschätzen Sie bei 3D-Arbeiten niemals die Zeit. Der zeitliche Aufwand ist teilweise sehr hoch, je nach technischer Ausstattung und Expertise in diesem Bereich. Lassen Sie sich bei 3D-Anfragen nicht auf Zeitangaben am Telefon ein, sondern kalkulieren Sie die Zeit zusammen mit Ihrem Chef oder einem 3D-Profi in Ihrem Unternehmen.

Fallbeispiel: Der Kunde möchte eine Fremdsprachenvertonung!
Eine Untertitelung sollte nur mit einem Schnittprogramm statt finden, insofern Sie nicht separat eine DVD oder eine Blu-ray untertiteln sollen. Ist dies der Fall, so sollte die Untertitelung im Authoring Programm statt finden. So ist gewährleistet, dass Untertitel nur bei Bedarf eingeblendet werden können. Untertiteln Sie für das Internet oder eine andere Anwendung, so nutzen Sie Ihr Schnittprogramm. Es ist erforderlich den Originalfilm so unkomprimiert und hochauflösend wie möglich vorliegen zu haben.

Fremdsprachen sind für viele Kunden wichtig, sobald sie im Ausland tätig sind. Es gibt mehrere Varianten einen Film in eine andere Sprache zu übertragen. Der Klassiker ist sicher eine Untertitelung. Hierbei ist zu klären in welchem Format der aktuelle Film vorliegt, insofern er nicht sowieso in Ihrem Unternehmen erstellt wurde. Eine Untertitelung sollte nur mit einem Schnittprogramm stattfinden. Aus diesem Grund ist es erforderlich den Originalfilm so unkomprimiert und hochauflösend wie möglich vorliegen zu haben. Untertitel müssen für den Zuschauer schnell lesbar und verständlich sein. Aus diesem Grund wird ein übersetzter Text noch einmal für eine Untertitelung vorbereitet. Kurze und knappe Sätze sind dabei besonders wichtig, da gesprochener Text schneller vom Zuschauer verstanden wird als derselbe Text in geschriebener Form. Auch sollte auf zu viele Satzzeichen verzichtet werden. Der Zuschauer muss schnell in der Lage sein die Information aus dem Untertitel aufzunehmen. Je schwieriger der Satzbau ist oder je mehr Begriffe vorkommen, die nicht allgemein geläufig sind, desto weniger Informationen kann der Zuschauer über den Untertitel erfassen. Unabhängig davon sind Untertitel oft die günstigste Alternative, um einen Film in einer anderen Sprache zu verfassen.

Möchte der Kunde dennoch einen Sprecher oder eine Sprecherin, so ist zu klären, ob dies lippensynchron mit etwaigen Personen des Originalfilms erfolgen soll, oder ob es reicht zeitsynchron zu arbeiten. Lippensynchrone Aufnahmen sind sehr aufwendig. Die Übersetzung eines Textes muss an die Lippenbewegung der handelnden Personen angepasst sein. Dafür müssen Wörter ausgetauscht werden und teilweise auch Sinnzusammenhänge anders definiert werden. In jedem Fall ist eine lippensynchrone Übersetzung weit schwieriger als eine normale oder auf Untertitel ausgerichtete Übersetzung. Auch muss der Sprecher, der lippensynchron arbeiten soll, zu Ihnen ins Studio kommen oder zumindest den Film vorliegen haben. Der Aufwand und damit natürlich auch die Kosten sind hoch.

> *»Untertitel müssen für den Zuschauer schnell lesbar und verständlich sein.«*

Eine Alternative dazu ist eine zeitsynchrone Arbeit. Hierbei kann ein Text eins zu eins übersetzt werden und wird entsprechend der Aufnahmen angelegt. Ein Sprecher muss dabei lediglich seine Sprechgeschwindigkeit an die Sprechgeschwindigkeit im Film anpassen.

Doch einige grundsätzliche Fragen sind bei Sprachaufnahmen im Vorfeld zu klären:

Möchte der Kunde eine weibliche oder eine männliche Stimme? In welcher Sprache soll gesprochen werden? Zu beachten ist, dass es kein „Englisch", kein „Französisch" und kein „Spanisch" oder „Portugiesisch" gibt. Es muss immer nachgefragt werden, ob es sich um „American English", „British English" oder „Australian English" handelt. Es gibt europäisches und kanadisches Französisch, sowie europäisches und südamerikanisches Spanisch und Portugiesisch. Nicht einmal Deutsch ist einheitlich. Je nach Zielland spricht man „Schweizer Deutsch" oder „Österreichisch". Dialekte bedürfen ebenfalls der Klärung. Liefert der Kunde die Übersetzung oder möchte er alles aus einer Hand haben? Wer kümmert sich um die Korrektur eines sehr technisch orientierten Textes?

Fallbeispiel: Der Kunde möchte Videoequipment ausleihen.
Viele Firmen bieten ihr Equipment zum Verleih an. Dies bringt zusätzliches Geld ein, wenn die Technik nicht für eigene Dreharbeiten genutzt wird. Nicht jeder Kunde möchte gleich einen Film drehen lassen. Einige benötigen einfach nur Ausrüstung, die sie gern leihen möchten. Die erste Frage, die sich hier stellt, ist: Wofür benötigt der Kunde die Technik? Dabei geht es zum Einen darum eine mögliche Gefahr für die Technik selbst herauszufinden, zum Anderen aber auch darum dem Kunden das optimale Equipment zur Verfügung zu stellen. Hat ein Kunde vor Kameras von Ihnen zu leihen, die er anschließend zum Beispiel in einem Kohlekraftwerk für Dreharbeiten benutzt, so sollte Ihr Vor-

gesetzter dies wissen. Kohlestaub ist schädlich für die Technik, weshalb es sein kann, dass Kameras für solch ein Projekt gar nicht erst verliehen werden.

Weiß ein Kunde nicht genau was er benötigt, so müssen Vorschläge unterbreitet werden. Hierfür müssen Sie die Technik Ihrer Firma natürlich kennen. Sie müssen Typbezeichnungen und Eigenschaften von Kameras, Licht, Ton und sonstigem Zubehör erläutern können. Dafür reicht es jedoch nicht sämtliche technischen Eigenschaften zu kennen. Ihnen muss klar sein wann welche Technik benötigt wird. Für einen Vertrauensgewinn geht es nicht darum dem Kunden das teuerste Equipment zu verleihen, sondern das, was er benötigt. Unterbreiten Sie ihm Vorschläge, die er auch versteht. Mit Fachchinesisch anzufangen hilft Ihrem Kunden nicht. Wissen Sie nicht genau über das Verleihangebot Ihres Unternehmens Bescheid, so geben Sie im Falle eines Anrufs den Kunden direkt weiter an einen Kollegen. Im besten Falle kümmern Sie sich jedoch selbst darum herauszufinden, welche Technik wofür eingesetzt wird. Schließlich arbeiten auch Sie damit.

Der Kunde benötigt ein Mikrofon.
Auch hier gibt es natürlich die Standardfrage: Wofür? Möchte er es in der Hand halten oder soll es ein Anstecker sein? Soll es kabelgebunden oder eine Funkstrecke sein? Hat der Kunde einen Kopfhörer, um den Ton abzuhören? Wie stark soll das Mikrofon gerichtet sein? Benötigt er ein Tischstativ, ein Mikrofonstativ oder gar eine Angel mit Windkorb und Windfell?

Für normale Reportagen bei denen Interviews geführt werden, ist es häufig so, dass der Reporter ein Nierenmikrofon oder gar ein noch stärker gerichtetes, zum Beispiel eine Keule, in der Hand hält. Dieses ist dann meistens mittels Kabel mit der Kamera verbunden. Möchte der Reporter mehr Freiraum, so empfiehlt sich der Einsatz einer Funkstrecke.

Bei geplanten Aufnahmen in ruhiger Atmosphäre oder wenn der Akteur selbst sich viel bewegt, ist ein Ansteckmikrofon ratsam. Dies ist oftmals über eine Funkstrecke mit der Kamera verbunden. Eine Angel wird benötigt, wenn gar kein Mikrofon zu sehen sein soll oder wenn sich eine große Traube Menschen um eine Person gebildet hat, die gerade etwas sagt. Eine Angel können Sie so über die Köpfe halten und nehmen dennoch sauberen Ton auf, auch wenn Sie selbst mitsamt der Kamera am Ende dieser Traube stehen. Bei Politikern oder Personen des aktuellen Zeitgeschehens sind diese Ansammlungen oft der Fall. Ein Windkorb kommt zum Einsatz, wenn solche Aufnahmen in leicht windiger Umgebung stattfinden, so dass keine Windgeräusche die Aufnahme verderben. Ein Windfell wird verwendet, wenn solche Aufnahmen in stark windiger Umgebung stattfin-

Tonangel von Røde

Windkorb von Sennheiser

Funkstrecke von Sennheiser

Windfell von Sennheiser

den. Ein Mikrofonstativ kommt bei stehenden Personen zum Einsatz. Redner hinter einem Pult zählen zum Beispiel dazu. Ein Tischstativ können Sie einsetzen, wenn Gesprächsrunden aufgezeichnet werden oder bei 1 zu 1 Interviews. Natürlich gibt es auch weitere Mikrofontypen, wie z.B. spezielle Mikrofone für Gesang oder für Instrumente, etc.

Der Kunde benötigt Tonequipment.
Tonequipment ist ein sehr dehnbarer Begriff. Auch Mikrofonie zählt zu Tonequipment, doch hier ist die Rede von PA (=Public Address, also „An das Publikum adressiert"). Braucht der Kunde Lautsprecher oder auch einen Mischer? Benötigt er Stative für die Lautsprecher? Für wie viele Menschen sind die Lautsprecher gedacht? In welchen Räumlichkeiten werden die Lautsprecher positioniert? Gerade diese Frage ist sehr wichtig. Auch wenn Sie Lautsprecher haben, die grundsätzlich geeignet sind viele Menschen zu beschallen, so können Ihnen die Räumlichkeiten einen Strich durch die Rechnung machen. Räume in Gewölbekellern zum Beispiel haben häufig eine Deckenkonstruktion, die zu Schallreflexionen führt. Hierbei eine Frontalbeschallung mit zwei großen Lautsprechern zu realisieren, ist für das hintere Publikum unsinnig. Es empfiehlt sich eher mehrere kleinere Lautsprecher im Raum zu verteilen. Auch wenn ein Raum eher verwinkelt ist, empfiehlt es sich mehrere kleine Lautsprecher als wenige große zu verwenden.

So ist der Soundgenuss für alle Anwesenden gleichermaßen optimal. Das können Sie nur empfehlen, wenn Sie mindestens ein Bild der Räumlichkeiten gesehen haben.

Wie viele Kanäle benötigt Ihr Kunde am Mischpult? Welche Eingänge hat das Mischpult? Wer bedient das Mischpult? Hat er selbst die richtigen Kabel oder benötigt er diese? Braucht er Adapter?
Nicht immer weiß Ihr Kunde über alles Bescheid – Sie sollten es aber.

Grundsätzlich lässt sich sagen, dass beim Verleih von Tonequipment immer eine Tonstrecke überdacht werden muss. Ein Zuspieler (zum Beispiel ein CD-Player oder ein Computer) wird mittels Kabel mit einem Mischer verbunden. Auch andere Zuspieler können mit dem Mischer verbunden werden. Aus dem Mischer wird das Signal mittels Kabel an einen oder mehrere Lautsprecher verteilt. Zu klären ist also immer wie viele Zuspieler an den Mischer angeschlossen werden sollen, welche Ausgänge die Zuspieler haben und welche Eingänge der Mischer deshalb benötigt. Im Audiobereich sind Cinch-, Klinke- und auch XLR- Aus- und Eingänge normal.

Ebenfalls wird das richtige Kabel benötigt, um den Ausgang vom Mischer mit einem Lautsprecher zu verbinden. Eventuell wird der Mischer nicht mit dem Lautsprecher direkt verbunden, sondern mit einem Verstärker. Da es aktive und passive Lautsprecher gibt, ist es für Sie wichtig zu wissen, welche Geräte in Ihrem Unternehmen vorhanden sind. Ein aktiver Lautsprecher hat bereits einen eingebauten Verstärker, während ein passiver Lautsprecher einen externen Verstärker benötigt.

Arbeitet Ihr Kunde auch mit Mikrofonen als Zuspieler, so fragen Sie ihn, ob er einen Feedback Destroyer benötigt. Dieses Zusatzgerät wird zwischen Mikrofon und Mischpult geschaltet und eliminiert Feedback, das entsteht, wenn die Lautsprecher zu laut aufgedreht sind und das Mikrofon mit beschallen. Ein Feedback Destroyer regelt die störenden Frequenzen herunter, die das Feedback verursachen.

Es gibt einen Unterschied zwischen Lautsprecher-XLR Kabeln und Mikrofon-XLR Kabeln. Bei Mikrofonkabeln sind grundsätzlich alle drei Adern des XLR-Kabels geschaltet, bei einem Lautsprecherkabel sind nur zwei Adern geschaltet. Sie können dies nicht optisch erkennen, es sei denn der Hersteller hat die Anwendung auf die Kabel gedruckt. Im Lichtsteuerbereich kommen ebenfalls XLR Kabel zum Einsatz. Hier werden die Ein- und Ausgänge jedoch DMX genannt. Ein DMX Kabel kann also auch nichts anderes sein als ein 3 poliges XLR Kabel. Das heißt, dass nur ein Mikrofon XLR Kabel auch als DMX Kabel funktionieren kann. Wenn Sie nicht wissen, welches Kabel vorliegt, prüfen Sie dies mit einem Kabeltester.

Der Kunde benötigt eine Kamera und Zubehör.
Kameras werden sehr häufig verliehen. Umso wichtiger ist es sich bestens damit auszukennen, um auch unbedarften Kunden die richtige Kamera zu empfehlen.
Grundsätzliche Fragen, die Sie stellen sollten, sind:

Was möchte der Kunde aufnehmen? Braucht er auch ein Stativ? Möchte er ein normales Dreibeinstativ oder benötigt er spezielle Stative wie zum Beispiel ein Autostativ, ein Schwebesystem oder gar einen Dolly? Möchte er auf Band oder Karte aufzeichnen? Hat er entsprechende Karten oder Bänder? Mit welchem Schnittsystem arbeitet er und kann er die Daten von der Karte oder vom Band mit diesem System weiterverarbeiten? Gerade bei Karten ist Vorsicht geboten. Können in einer Kamera Compact Flash Karten genutzt werden, so müssen diese auch die Datenraten besitzen, die für die Aufnahme gefordert sind. Nicht jede CF-Karte ist in der Lage Daten so schnell zu schreiben, wie sie von der Kamera geliefert werden.

Fragen, die Sie sich selbst stellen sollten, sind: Eignet sich die jeweilige Kamera für Aufnahmen im Dunkeln und im Hellen? Ist sie klein oder groß genug? Kann man die Kamera vollständig auf Automatik stellen, so dass der Kunde zur Not einfach nur in den Automatikmodus wechseln muss, wenn er sich nicht weiter auskennt?

Sobald Sie sich ein wenig mit dem Kunden unterhalten, werden Sie recht schnell merken, ob er weiß wovon er spricht oder nicht. Weiß er es nicht, dann unterhalten Sie sich genauer über sein Projekt. Eventuell können Sie ihm ein Schwebesystem empfehlen oder davon abraten. Gleiches gilt, wenn er sich einen Dolly ausleihen möchte. Fragen Sie nach den Gegebenheiten vor Ort beim Dreh. Ein Dolly muss grundsätzlich auf geraden Flächen aufgebaut werden, sonst funktioniert die Fahrt nicht. Für ein Schwebesystem muss genug Platz einkalkuliert werden, wenn der Kameramann damit durch die Gegend läuft.

Für ein Schwebesystem muss genug Platz einkalkuliert werden, wenn der Kameramann damit durch die Gegend läuft.

Auch ist die Frage nach der Weiterverwendung der Aufnahmen wichtig. Anhand dessen können Sie nämlich heraus finden, welches Aufnahmeformat nötig ist. Zwar zeichnen in der Regel viele Personen in HD auf, doch das ist nicht immer notwendig. Wird er Film nur im Internet gezeigt und ist es nicht nötig ihn in HD zu präsentieren, dann muss er auch nicht zwangsläufig in HD aufgezeichnet werden. Manche Kunden haben besondere Ansprüche an den Videocodec mit dem aufgezeichnet wird. Sie müssen sich darin auskennen. Ihnen müssen die Unterschiede zwischen HDV und XDCam, zwischen DVCPROHD und IMX, etc. geläufig sein.

Der Kunde benötigt Licht.
Auch Licht ist unerlässlich für gute Bilder. Wenn Ihr Kunde dies selbst noch nicht weiß, dann empfehlen Sie ihm Licht für seinen Dreh. Fragen, die zu stellen sind:

Dreht er innen oder außen? Muss das Licht eventuell regengeschützt sein? Braucht er Tages- oder Kunstlicht? Wie viel Watt benötigt er, respektive: Was soll ausgeleuchtet werden? Hat der Kunde dort, wo er das Licht braucht auch Strom? Hat er genügend Strom für die Leistung der Scheinwerfer? Eine normale Schuko-Steckdose, wie sie in jedem Haushalt üblich ist, verträgt maximal 3,5 KW Belastung, bevor die Sicherungen aktiv werden. Sie sollten zur Sicherheit jedoch nicht mehr als 3 KW anschließen. Möchte er mehr Licht verwenden, so braucht er entweder mehrere voneinander getrennte Steckdosen oder einen Starkstromanschluss. Hierfür werden gesonderte Adapter benötigt. Es empfiehlt sich immer auch einen Dimmer dabei zu haben, so dass die Lichtintensität angepasst werden kann. Doch Vorsicht: Auf Gasen basiertes Tageslicht und Neonlampen lassen sich nicht dimmen. Nur Glühlampen sind dimmbar. Dimmen Sie jedoch unter 70% Leistung so verfälscht sich die Kunstlichtfarbtemperatur immens und ein neuer Weißabgleich muss durchgeführt werden.

> »Auf Gasen basiertes Tageslicht und Neonlampen
> lassen sich nicht dimmen. Nur Glühlampen sind dimmbar.«

Benötigt der Kunde Folien für das Licht? Es gibt diverse hitzebeständige Folien, die die Farbtemperatur von Scheinwerfern ändern. Standardmäßig können Sie aus Kunstlicht mit Hilfe einer Tageslichtfolie Tageslicht generieren. Umgekehrt funktioniert es natürlich ebenfalls. Mit Frost und Gaze lässt sich Licht dimmen und streuen. Mit Spezialfolien können Sie Hauttöne besonders hervorheben oder das Setting farbig ausleuchten. Weitere Vorsätze vor Scheinwerfern können dafür sorgen, dass Licht in besonderen Formen gestreut wird – so kann ein Gitter oder ein simples Kreuz vor dem Licht zu einem Fenstereffekt führen. Ein Tarnnetz kann zu Lichtflecken, ähnlich wie in einem Wald, führen. Es spricht nichts gegen selbst gebaute Konstruktionen, insofern diese hitzebeständig sind oder weit genug vom Scheinwerfer entfernt stehen.

Sind alle Fragen geklärt, und neigt sich das Gespräch dem Ende, so müssen unbedingt die nächsten Schritte vereinbart werden. Der Kunde darf nicht im Regen stehen gelassen werden, da er nicht weiß, wie es jetzt weitergeht. Im Normalfall liegt der nächste Schritt bei der angerufenen Firma, da für den Kunden ein Angebot erstellt werden muss. Holt der Kunde noch Informationen ein, bevor ein Angebot erstellt werden kann, so müssen Sie am Ball bleiben. Vertrauen Sie niemals darauf, dass sich „der Kunde melden wird". Viele Anrufer neigen dazu dies zu sagen und tun es im Endeffekt nicht.

Stellt sich heraus, dass der Kundenwunsch am Telefon nicht einfach zu erklären ist, oder dass der Kunde seinen zukünftigen Partner gern kennen lernen möchte, bevor er etwas preisgibt, so muss ein Termin vereinbart werden. Wenn es sich anbietet, kommt der Kunde in Ihre Firma. Zur Vereinfachung wird gegebenenfalls ein Kundenbesuch eingerichtet. Der Termin sollte so zeitnah wie möglich zum Telefonat liegen, um die Chance auf einen Auftrag zu erhöhen. Doch reden Sie im Vorfeld mit Ihrem Chef über Nutzen und Kosten eines Besuches beim Kunden. Sitzt der Kunde in München, Ihr Unternehmen aber in Konstanz, so sollten nicht Sie, sondern Ihr Chef entscheiden, ob es sich für ein bestimmtes Projekt lohnt diesen weiten Weg auf sich zu nehmen.

Angebot und Nacharbeit

Hat ein Kunde ein Angebot erhalten, gab es ein Treffen oder ist ansonsten alles seitens des Produktionsunternehmens geklärt, so ist es am Kunden sich zu melden. Diese Einstellung ist nur bedingt richtig. Ist nach der Angebotsabgabe ein längerer Zeitraum vergangen, ohne dass Sie vom Kunden etwas gehört haben, so sollten Sie unbedingt selbst nachhaken. Dabei bietet es sich an, völlig unverbindlich und freundlich zu fragen, ob das Angebot angekommen sei und ob noch weitere Fragen offen wären. Der Kunde muss bei jeder Anfrage animiert werden etwas zu tun. Aus diesem Grund beenden Sie Ihre Anfrage damit, dass Sie dem Kunden eine Aufgabe geben.

Eine Aufgabe per E-Mail erteilen:

Guten Tag Herr XYZ,
vor zwei Wochen haben Sie ein Angebot über die Produktion eines Filmes erhalten. Ich wollte mich bei Ihnen erkundigen, ob das Angebot bei Ihnen angekommen ist und ob Sie noch weitere Fragen haben.

Ich freue mich auf eine Antwort von Ihnen.
Viele Grüße,
ABC

Eine Aufgabe per Telefon erteilen:

Das Telefongespräch sollte beendet werden mit einem Satz wie:

„In Ordnung Herr XYZ, dann melden Sie sich bitte, sobald Sie Bescheid wissen. Ansonsten würde ich mich in X Tagen einfach noch einmal bei Ihnen melden."

oder

„Sollten Sie sich nicht bis zum XXX gemeldet haben, rufe ich Sie noch einmal an."

Wann eine solche Anfrage gemacht wird, ist davon abhängig wie sich der Kunde bei der Angebotsabgabe geäußert hat. Wird das Angebot durch mehrere Instanzen geprüft, so lohnt es sich nicht schon nach einer Woche nachzufragen, sondern abzuwarten. Ist jedoch davon auszugehen, dass nicht so viele Entscheidungsträger am Entscheidungsprozess beteiligt sind, so können Sie auch nach einer Woche schon nachfragen.

Erwartungshaltung

Egal ob Stammkunde oder Neukunde – Folgende Eigenschaften sind für den Kundenkontakt unabdingbar. Wenn Sie sich selbst als Kunde beobachten, dann stellen Sie fest, dass auch Sie im Großen und Ganzen auf diese Eigenschaften wert legen. Verhalten Sie sich so, wie Sie selbst gern behandelt werden möchten.

> »Verhalten Sie sich so, wie Sie selbst
> gern behandelt werden möchten.«

Engagement
Ein Kunde der erkennt, dass ihm geholfen wird und er nicht nur bloße Geldquelle ist, ist eher bereit ein zweites und drittes Mal zu kommen. Selbst bei einem noch so kleinen Auftrag sollten Sie Engagement zeigen, denn Sie wissen niemals im Vorfeld, welche potentiellen Aufträge noch folgen können.

Kompetenz
Sie kennen es von sich selbst – wenn Sie keine Ahnung haben, holen Sie einen Profi. Merken Sie, dass dieser sich selbst nicht auskennt oder Fehler macht, die er nicht machen sollte, so holen Sie ihn kein zweites Mal. Sind Sie sich also Ihrer Kompetenz nicht sicher oder können Sie Fragen nicht beantworten, dann muss der Kunde an einen Kollegen weitergegeben werden oder zumindest die passende Information vom Kollegen erfragt werden. Ansonsten wird der Kunde lieber einen anderen engagieren, als ein zweites Mal die inkompetente Firma zu beauftragen. Offen Fehler und Unwissen zuzugeben ist Gold wert, insofern Sie im gleichen Zuge eine Lösung präsentieren können. Diese besteht darin, dass Sie sich erkundigen, den Kunden weiterleiten oder offen sagen, dass Ihr Unternehmen diese Aufgabe nicht erfüllen kann, Sie ihm aber den geeigneten Kontakt vermitteln.

Schnelligkeit
Durch Telefonie und E-Mail ist die Arbeitswelt schnell und immer erreichbar. Oftmals zählt das Motto „Wer zuerst kommt, mahlt zuerst". So auch im Geschäftsalltag, d. h. Sie sollten den Kunden nicht warten lassen. Fragt ein Kunde an, möchte er eine Änderung oder gibt es etwas anderes, dann gibt es sehr wenige gute Gründe, dies auf die lange Bank zu schieben. Niemand wartet gern unnötig – auch nicht der Kunde. An dieser Stelle sollten Sie nicht gänzlich von sich ausgehen. Wenn Sie zu den Menschen gehören, die nur alle paar Tage ihre E-Mails lesen, dann gehen Sie nicht davon aus, dass das bei anderen auch so ist. Am Ball bleiben und Aufgaben gleich erfüllen hat im Geschäftsalltag oberste Priorität. Je mehr Sie vor sich her schieben, desto mehr Arbeit fällt irgendwann an und wichtige Fakten gehen verloren.

Persönlich sein
Das Geschäftsleben ist bestimmt von persönlichen Kontakten. Fällt der Ansprechpartner bei einer Firma weg, so fällt oftmals auch der gesamte Geschäftsbetrieb mit dieser Firma weg. Ein Kunde fühlt sich nur ehrlich behandelt und entwickelt ein Vertrauensverhältnis, wenn er einen persönlichen Ansprechpartner hat. Ist dieser im Urlaub oder länger krank, so muss dies dem Kunden mitgeteilt werden und ihm selbst die Wahl gelassen werden, ob er einen anderen Ansprechpartner akzeptiert. Den Kunden von einem Kollegen zum anderen durchzureichen, ist kontraproduktiv für ein gutes Kundenverhältnis.

Verbindlichkeit
Der Kunde verlässt sich auf seinen Produzenten. Aussagen, Zeiten, Deadlines etc. müssen eingehalten werden, ansonsten kommt keine Vertrauensbasis zum Kunden zustande. Sagen Sie Ihrem Kunden auch, wenn gewisse Prozesse länger dauern oder Sie derzeit noch andere Aufgaben zu erledigen haben. Geben Sie ihm aber nicht das Gefühl nur an zweiter Stelle zu stehen. Lernen Sie Zeiten richtig einzuschätzen und versprechen Sie nicht zuviel, aber auch nicht zuwenig.

Eigeninitiative
Erhält der Kunde einen Mehrwert ohne diesen zu erwarten, so ist er positiv überrascht und bindet sich fester an das Unternehmen. Dem Kunden sollten während eines Projekts Vorschläge unterbreitet werden, so dass er nicht alles bis ins kleinste Detail selbst erledigen muss. Es gibt bei jedem Projekt viele Kleinigkeiten, an die der Kunde im Vorfeld nicht selbst gedacht hat. Nehmen Sie ihm diese Dinge ab, um ihm Arbeit zu ersparen, so haben Sie langfristig mehr davon.

Details
Es obliegt nicht dem Produktionsunternehmen zu bestimmen, was wichtig ist und was nicht. Der Kunde hat eventuell andere Vorstellungen in punkto Detailgenauigkeit als es der Produzent hat. Alles muss also grundsätzlich gleichwertig behandelt werden. Die CI (Corporate Identity) eines Kunden bis ins kleinste Detail ernst zu nehmen, zählt dazu. Genauso zählt dazu keine Fehler zu machen, seien sie auch noch so klein. Konzentrationsfehler und Rechtschreibfehler bei der Kundenkorrespondenz werden unterbewusst negativ wahrgenommen. Achten Sie also darauf, dass Sie von Beginn an ganz dem Kunden gewidmet sind.

Ehrlichkeit
Früher oder später fällt eine Lüge auf einen selbst zurück – daran können Sie nichts ändern. Durch einen dummen Zufall kommt alles irgendwann heraus. Es gibt auch keinen

Grund nicht von vornherein ehrlich zu sein. Mit offenen Karten zu spielen festigt das Vertrauen zwischen Ihnen und dem Kunden. Wenn Sie eine Aufgabe nicht übernehmen können, so machen Sie dem Kunden Vorschläge wer es kann. Manchmal reicht es aber auch aus einfach einen Mitarbeiter zu fragen, der vielleicht weiterhelfen kann.

Freundlichkeit
Niemals unfreundlich werden. Das ist ein fester Bestandteil von gutem Kundenhandling, egal was passiert. Der Kunde kann gerade einen schlechten Tag haben oder hat eine schlechte Nachricht erhalten. Vielleicht geht es ihm gesundheitlich nicht gut und er reagiert über. All dies ist Ihnen nicht bekannt, wenn Sie mit dem Kunden sprechen. De facto gilt, niemals eine negative Aussage vom Kunden persönlich zu nehmen. Auch Ihre Reaktion auf die negative Aussage muss freundlich bleiben. Selbst wenn Sie die Geschäftsbeziehungen zu einem Kunden abbauen, sollten Sie dies im eigenen Interesse auf bestimmtem, aber durchaus freundlichem Wege tun.

Geduld
Der Kunde weiß normalerweise nicht was das Produktionsunternehmen weiß. Auch wenn er mehrfach nach ein und derselben Sache fragt, so heißt dies nur, dass es ihm noch nicht gut genug erklärt wurde. Auch was Projektabschlüsse angeht, so müssen Sie mit einem Kunden geduldig sein. Manchmal müssen Projekte durch mehrere Instanzen laufen, bevor sie frei gegeben sind. Der direkte Ansprechpartner kann daran oft nichts ändern. Üben Sie sich also in Geduld, wenn es länger dauert. Drängen Sie Ihren Kunden nicht, fragen Sie aber auch im eigenen Interesse immer wieder nach. Schließlich soll am Ende eines Projekts eine Rechnung gestellt werden. Kann diese nicht gestellt werden, da kein Ende absehbar ist, hat Ihr Unternehmen Aufwand und Kosten gehabt, die nicht vergütet werden. Aus diesem Grund sollten Sie die Geduld nicht verlieren, sie aber auch nicht bis ins Unendliche ausreizen.

Diskretion
Zum Vertrauen gehört ein gutes Maß an Diskretion. Nicht mit Kundenaussagen bei anderen Kunden Eindruck schinden, nichts gegen den Kunden verwenden, was er irgendwann einmal gesagt hat und nichts ausplaudern, ohne dass ein wirklich triftiger Grund dahinter steckt – all dies zählt zur Diskretion. Manchmal werden sogar Geheimhaltungserklärungen unterschrieben, an die Sie gebunden sind, wenn Sie mit einem Projekt betraut werden. Doch auch wenn keine solche Erklärung vorliegt, gehört es zu Ihren Pflichten Kundeninformationen nicht einfach auszuplaudern.

Flexibilität

Kunden im Filmgeschäft ändern gern in letzter Minute etwas. Dies liegt daran, dass ihnen die Tragweite ihrer Änderungen oftmals nicht bewusst ist. Dem können Sie begegnen, indem Sie dies dem Kunden erklären, oder indem Sie flexibel genug sind, zu sagen, dass gewisse Änderungen doch noch funktionieren, ohne dieses an die große Glocke zu hängen. Im Gespräch mit dem Kunden können Sie ihm den Sachverhalt genauer erklären oder flexibel auf Veränderungen reagieren ohne großen Aufwand zu haben.

Kundenpflege

Stammkundenpflege wird oftmals sehr vernachlässigt. Dabei ist sie genauso wichtig wie die Akquise von Neukontakten. Haben Sie bereits mit einem Kunden gearbeitet, so sollte alles daran gesetzt werden, dass der Kunde kein Interesse hat sich neu zu orientieren. Sich regelmäßig in Erinnerung zu rufen ist dabei von großem Vorteil. Es gibt viele Möglichkeiten, um einem Stammkunden zu zeigen, dass er keine reine Geldquelle für ein Unternehmen ist, sondern dass er auch auf persönlichem Wege als wichtig erachtet wird. Die klassische Geburtstagskarte ist eine dieser Möglichkeiten.

> *»Lassen Sie sich Auftragsbestätigungen schriftlich geben.«*

Auch personalisierte Feiertagsgrüße, zum Beispiel zu Weihnachten, sind wichtig. Achten Sie hierbei jedoch darauf, dass nicht offensichtlich erkennbar ist, dass die Grüße letztlich nicht wirklich personalisiert sind, sondern einer Datenbank entstammen. Hin und wieder ein Anruf beim Stammkunden, ob alles in Ordnung ist, und schon verläuft sich ein Kontakt nicht im Sand. Ideal ist ein Anruf dann, wenn sich ein direkter Bezug zu einem Projekt herstellen lässt und wenn eine entsprechende Bindung zum Kunden besteht. Nicht jeder Stammkunde bedarf einer umständlichen Nachbetreuung.

Kurze Vertragslehre

Natürlich sollte es ein Kunde so einfach wie möglich haben. Er soll nicht mit unnötigem Ballast belastet und ein Filmprojekt so unbürokratisch wie möglich abgewickelt werden. Auftragsvergaben, gerade bei kleineren Aufträgen, geschehen so meist am Telefon. Zwar ist das Vertragsrecht in Deutschland so, dass auch mündliche Verträge gelten, doch im Zweifel steht Aussage gegen Aussage. Dies klingt wie in einem Krimi, doch allzu oft kommt es vor, dass ein Kunde nicht zahlen will, ohne dass für Sie ein ersichtlicher Grund dahinter steckt. Nicht selten werden auch falsche Behauptungen heran gezogen, gerade wenn Ihr Kunde dies schon seit langer Zeit so gehandhabt hat. Sind Sie die einzige Person die mit dem Kunden telefoniert, so gibt es keine weiteren Zeugen. Im schlechtesten Fall kann Ihr Kunde mit einem Zeugen auftrumpfen.

Ein gesundes Maß an Skepsis ist also Pflicht. Lassen Sie sich Auftragsbestätigungen schriftlich geben. Eine kurze E-Mail unter Bezugnahme auf ein vorher erstelltes Angebot reicht dabei schon aus. So hat Ihr Unternehmen im Fall der Fälle etwas Schriftliches vorliegen. Dieses Vorgehen ist auch nicht selten, sondern entspricht der gängigen Geschäftspraxis. Versuchen auch Sie jede Korrespondenz auf schriftlichem Wege zu führen. Natürlich sollen Sie mit dem Kunden telefonieren, doch fassen Sie anschließend das Telefonat noch einmal kurz schriftlich zusammen und teilen Sie dies Ihrem Kunden mit, insofern das Telefonat irgendwelche relevanten Informationen über den Projektverlauf beinhaltet. Früher oder später wird Ihnen Ihr Chef dafür danken, dass Sie konstant so verfahren.

Konzeption

Einleitung

Es ist ein wahrer Glückstreffer, an einen Kunden zu geraten, der bereits ein komplettes Konzept vorliegen hat. Häufiger ist jedoch der Fall, dass der Kunde zwar eine Idee hat und sich über die Grundanforderungen an den Film ungefähr im Klaren ist, jedoch kein Konzept hat auf Basis dessen ein Angebot erstellt werden kann oder nach welchem gearbeitet werden sollte. Für einen erfolgreichen Film ist es also unumgänglich ein Konzept zu entwickeln. Dieses wird dann zu einem Treatment weiterentwickelt und anschließend zu einem Drehbuch.

Ein Konzept ist vergleichbar mit einem Exposé. Hierbei wird in möglichst kurzer Form die Geschichte oder die Idee hinter dem Film zusammengefasst. Der Handlungsstrang ist nicht ausgebaut, aber grundsätzlich erkennbar. Ein Exposé wird erstellt, um einem Kunden möglichst schnell eine Idee zu liefern, auf deren Basis weitergearbeitet werden kann. Es bietet sich an einem Kunden mehrere Konzepte vorzustellen, so dass er sich nicht in eine Ecke gedrängt fühlt und sich gezwungen sieht, mit Ihrem Vorschlag zu leben.

Ein Treatment ist eine erweiterte Form des Konzepts, welches bereits Handlungsstränge, Charaktere und Orte, sowie einen grundsätzlichen dramaturgischen Ablauf enthält. In der Regel geht es im Treatment um die Hauptgeschichte, nicht aber um sämtliche Nebenstränge. Es umfasst meist circa ein Drittel der anvisierten Gesamtlänge eines Drehbuchs. Spielfilme haben nicht selten 25 Seiten reines Treatment.

Das Drehbuch ist die finale Version des Konzepts. Nach ihm wird gedreht, geschnitten und vertont. Es ist deshalb immens wichtig, dass das Drehbuch alle Bereiche der Videoproduktion abdeckt. Es muss ersichtlich sein, welche Bilder benötigt werden und welche Sätze gesprochen werden sollen. Hilfreich ist auch zu wissen, wann im Schnitt was passieren soll – wann werden Texte benötigt, was soll in Bauchbinden stehen, wie sollen Grafiken aussehen? Des Weiteren ist in einem Drehbuch deutlich gekennzeichnet, an welchem Ort und zu welcher Tageszeit gedreht werden soll. Einstellungsgrößen sind bereits vermerkt. So dient ein Drehbuch dazu, einen Film bereits im Vorfeld so gut es geht zu visualisieren. Im Spielfilmbereich gibt es mehr oder weniger feste Vorlagen, nach denen man sich richtet. Im Alltag von Unternehmen, die für Geschäftskunden produzieren, gibt es dies nicht. Jedes Unternehmen arbeitet mit eigenen Vorlagen. Es existieren einige Softwareprogramme, die explizit für die Erstellung von Drehbüchern geschrieben wurden, doch normalerweise reicht eine gut strukturierte Exceltabelle oder ein Word Dokument.

Das I-Tüpfelchen ist ein Storyboard. Hierbei handelt es sich um die gezeichnete Form des Drehbuchs. Ein Illustrator oder ein Zeichner setzen das im Drehbuch Geschrieben in Bilder um. Der Vorteil hierbei ist, dass ein Kunde bereits vor dem ersten Drehtag einen Film sehen kann. Für den Regisseur und Kameramann ist ein Storyboard von großer Wichtigkeit, da sie so bereits sehen, ob eine gewollte Dramaturgie im Film funktioniert oder nicht. So muss ein Plan nicht während der Dreharbeiten verworfen werden. Schlussendlich ist ein Storyboard für den Editor hilfreich, da er weiß, welches Videomaterial an welche Stelle geschnitten werden soll. Der Nachteil eines Storyboards ist sein Preis. Es ist für einen Zeichner oder Illustrator nicht einfach, ein Drehbuch zu visualisieren. Viel Arbeit steckt in solch einem Storyboard und diese Arbeit will bezahlt werden. Aus diesem Grund kommen bei den wenigsten Produktionen auch tatsächlich Storyboards zum Einsatz. Lediglich hochbudgetierte Projekte arbeiten mit Storyboards.

Wer es einfacher haben möchte, der greift auf spezielle Software für die Storyboarderstellung zurück. Hierbei kann auch jeder Ungeübte anhand von Vorlagen den eigenen Film in ein Storyboard verwandeln.

»*Auch wenn Sie von einer Idee vollends überzeugt sind,
so muss es Ihr Kunde nicht sein.*«

Grundgedanken

Bevor Sie sich all diesen Schritten widmen, muss das passende Konzept entstehen. Dies gut zu durchdenken und anzupassen, ist dabei sehr wichtig. Folgende Fragen sind essentiell:

Entspricht das Konzept den Vorstellungen des Kunden?
Jeder Kunde ist anders. Aus diesem Grund kann es niemals ein Standardkonzept geben, welches allen Kunden gleichermaßen gerecht wird. Jeder Kunde muss individuell behandelt werden und für ihn muss ein individuelles Konzept erarbeitet werden. Die Wünsche und Vorstellungen des Kunden haben dabei oberste Priorität vor der eigenen kreativen Leistung. Dies ist teilweise schwer, doch auf einer professionellen Ebene unumgänglich.

Auch wenn Sie von einer Idee vollends überzeugt sind, so muss es Ihr Kunde nicht sein. Fügen Sie sich diesem Schicksal.

Entspricht das Konzept dem Thema des jeweiligen Produktes?
Im Endeffekt wird mit einem Film ein Produkt oder eine Dienstleistung verkauft. Das Konzept muss dem Produkt also angepasst sein oder zumindest einen dramaturgischen Weg zum Produkt schlagen, der nicht an den Haaren herbei gezogen ist. Doch hier verlaufen die Grenzen fließend. Auch komplette Albernheit kann einem Produkt angepasst wirken, indem der Film „gut" gemacht ist. Letztendlich weiß Ihr Kunde am besten wer sein Produkt oder seine Dienstleistung kauft und wie er diese Zielgruppe ansprechen muss. Doch verlassen Sie sich nicht immer darauf. Gerade Start-Up Unternehmen oder Personen mit weniger Unternehmergeist möchten von Ihnen dahingehend beraten werden, wie bestimmte Zielgruppen am besten angesprochen werden können. Sie selbst müssen also auch im eigenen Leben aktiv sein und die Augen und Ohren offen halten, um zu bemerken, wie sich Zielgruppen ändern und angesprochen werden können. Doch hier verlaufen die Grenzen fließend. Auch komplette Albernheit kann einem Produkt angepasst wirken, wenn der Film "gut" gemacht ist.

Ist die konzeptionelle Idee dem Budget angemessen?
Das beste Konzept bringt nichts, wenn es finanziell nicht umsetzbar ist. Stellt der Kunde nur ein bestimmtes Budget zur Verfügung oder achtet der Kunde sehr stark auf die Finanzen, so sollte auch das Konzept dem angepasst sein. Große Kostenfaktoren bei Konzepten sind in der Regel professionelle Darsteller, Special-Effects und aufwendige Animationen. Auch Dreh, Schnitt und Vertonung können hohe Kosten verursachen, jedoch können Sie an diesen „internen" Kosten normalerweise noch arbeiten. An Kosten aus extern eingekauften Leistungen ist oft nicht sehr viel verhandelbar. Trennen Sie sich also von der Wunschvorstellung, jedem Kunden einen aufwändigen Film zu verkaufen. Gehen Sie Kompromisse ein und versuchen Sie dennoch, egal wie klein das Budget ist, bei jeder Produktion optimalen Einsatz zu zeigen.

Ist das Konzept mit vorhandenen Mitteln umsetzbar?
Ein Unternehmen möchte mit einem Projekt so viel Gewinn wie möglich erzielen. Je weniger eingekauft werden muss, desto höher ist die Marge. Ist es möglich, ein Konzept so aufzubauen, dass es mit vorhandenen Mitteln umsetzbar ist, so kann die Gewinnmarge gesteigert werden. Das freut in der Konsequenz nicht nur Ihren Vorgesetzten, sondern zahlt sich künftig auch für Sie aus. Ein Unternehmen, welches hohe Gewinne erzielt, kann schneller wachsen und die gerade in dieser Branche benötigte Technik anschaffen. Sie steigern also die Qualität zukünftiger Projekte durch den optimierten Einsatz jetziger vorhandener Mittel.

Ist das Konzept in der vorhandenen Zeit umsetzbar?
Oft bestimmen Deadlines die Kreativität. Entscheiden sich Kunden zu spät für die Produktion eines Films, so muss die Konzeption häufig der noch zur Verfügung stehenden Zeit angepasst werden. Dies ist immens wichtig, um nicht am Ende in Zeitverzug zu geraten. Dabei sollte auch eingeplant werden, dass genügend Zeit für die Korrekturphase zur Verfügung steht. Kunden ist in der Regel nicht klar, wie hoch der Aufwand hinter der Produktion eines Filmes ist. Es gehört die entsprechende Feinfühligkeit dazu, um einem enthusiastischen Kunden nicht sofort den Wind aus den Segeln zu nehmen. Je häufiger Sie mit einem Kunden direkt zusammengearbeitet haben und je häufiger er auch bei einer Produktion dabei war, desto eher bekommt er ein Gefühl dafür, wie aufwendig die Planung, der Dreh und die Nachbearbeitung eines Films sind. Laden Sie also Ihre Kunden ruhig ein, live dabei zu sein. Dies wird Ihnen bei späteren Projekten mit demselben Kunden helfen, nicht in Zeitnot zu geraten.

Versteht der Kunde das Konzept zu 100 %, wenn er es liest?
Menschen aus der Kreativbranche sind visuell weit offener und haben ein größeres Vorstellungsvermögen in Sachen Bildsprache. Lesen sie einen Text oder denken sie an Schlagworte, können sie sich einfacher eine Geschichte oder zumindest eine Szenenabfolge vorstellen. Menschen, die nicht im kreativen Bereich tätig sind, haben es in dieser Hinsicht schwerer. Das Abstraktionsvermögen reicht nicht immer aus, um aus geschriebenen Zeilen bewegte Bilder zu generieren. Dies ist nicht negativ gemeint, kann es Ihnen jedoch schwer machen, eine Idee zu vermitteln. Es ist also wichtig, dass ein Konzept für einen Laien geschrieben ist. Am besten schreiben Sie ein Konzept mit den Augen eines 10-jährigen Kindes. Schaffen Sie es so bildhaft zu schreiben, dass ein Kind das Konzept versteht, so haben Sie es geschafft jemandem eine verständliche Idee zu präsentieren.

Ein Beispiel:
Aufzieher auf ein Hörgerät. Dieses liegt auf dem Tisch. Übergang zum Hörgerät im Ohr mittels Blende. Eventuelles Morphen von einem zum nächsten Ohr, um zu zeigen, wie vielseitig das Gerät ist. Cut auf Gesicht.

Spätestens beim Begriff „Morphen" wird Ihr Kunde nicht mehr verstehen, was Sie ihm mit diesem kurzen Satz sagen wollen. Auch können sich viele nicht einfach visuell vorstellen, wie die fertige kurze Sequenz aussehen soll. Ein kundenfreundlicherer Text sähe so aus:

Ein Hörgerät liegt in seiner Schale. Die Kamera zeigt das Gerät zuerst sehr detailliert, dann zeigt sie es im Ganzen. Durch einen effektvollen Übergang befindet sich das Hörgerät plötzlich im Ohr einer Person. Die Vielseitigkeit des Hörgerätes wird dargestellt, indem es in mehreren verschiedenen Ohren gezeigt wird. Schlussendlich wird auf das Gesicht der Person geschnitten – das Hörgerät ist nicht erkennbar.

Ist das Konzept frei von Rechtschreib- und Grammatikfehlern?
Ein wchtiger Punkt, um Profesionalität und Kompetenz zu zeigen ist das Flüchtigkeit-, rechtschreib- und Gramatikfehler komplett vermieden werden. Ein Text muss merfach gelesen werden. Dazu sollte immer eine 2te Person den Text zur Korektur lesen. Diese Person muss ihn inhaltilch verstehen und gleichzeitik noch Fehler finden, die beim Ersten schreiben übersehn wurdn. Dazu zählt auch; das Satzzeichen richtig angewendet sind!!! Auserdem muss das Konzept gut strukturiert sein. Es sollde reichen es einmal zu überfliegen, um die wichtigsten Eckpunkte aufzunehmen. Es gibt zahlreiche Fachbücher die von richtigem Texten handeln. Mehr dazu gibt es im Anhang. Mit den entsprechenden Büchern können Sie auch diese letzte Passage in richtiges Deutsch bringen.

Ist das Konzept ansprechend und nach der Unternehmens-CI gestaltet?
Arbeiten Sie häufiger mit einem Kunden zusammen, so bietet es sich an, ein Standarddesign für Konzepte zu entwerfen. Dies macht es dem Kunden auf der einen Seite einfacher, da er sich daran gewöhnen kann auf welche Art und Weise Konzepte geliefert werden. Auf der anderen Seite ist es einfacher für das jeweilige Unternehmen, da nicht für jedes neue Konzept, sei es für einen Stamm- oder einen Neukunden, ein neues Design entworfen werden muss. Es bietet sich also an, ein Grunddesign zu entwickeln, welches mit der Unternehmens-CI (Corporate Identity) abgestimmt sein muss. Schriften und Farben müssen an die sonst auch verwendeten Schriften und Farben angepasst werden. Dies liefert einen hohen Wiedererkennungswert für den Kunden. Stellen Sie sich vor die Deutsche Telekom würde das Telekom T jedes Mal, wenn Werbung gezeigt wird, in einer anderen Farbe und mit einer anderen Schriftart schreiben. Sie würden der Telekom we-

niger vertrauen, da sie einen sprunghaften Eindruck macht – die Telekom weiß nicht was sie will. Da Sie jedoch seit Jahrzehnten schon mit dem Telekom T vertraut sind, hat sich in Ihnen auch der Eindruck gefestigt, dass das Unternehmen Bestand hat und sicher auch mehr oder weniger gut arbeitet. Dies ist eine Kleinigkeit, doch es ist eine psychologische Kleinigkeit mit hoher Tragweite.

Das Drehbuch

Ein Drehbuch ist das finale Werk, nach welchem gedreht wird. In ihm sind, anders als bei einem Exposé oder einem Treatment, alle Szenen einzeln aufgelistet. Ein Drehbuch gibt vor, an welchem Ort und zu welcher Tageszeit eine Szene statt findet. Welcher Darsteller sagt was zu wem und in welcher Einstellungsgröße? Was sagt der Off-Sprecher während welche Bilder eingeblendet werden?

Ein Drehbuch liefert nicht nur jedem am Dreh direkt Beteiligten alle notwendigen Informationen, sondern hilft später beim Schnitt auch dem Editor die richtigen Szenen zusammenzufügen.

Es sollte also nie auf ein Drehbuch verzichtet werden. Während im Spielfilmbereich bestimmte Vorgaben erfüllt sein müssen, ist es im industriellen Bereich so handhabbar, dass jeder aus dem jeweiligen Unternehmen damit arbeiten kann.

Ein Drehbuch wird von Kunden gern mit einem Storyboard verwechselt. Hierbei handelt es sich jedoch um die Visualisierung eines Drehbuchs. Einzelne Szenen werden der Einfachheit halber vorgezeichnet, so dass allen Beteiligten noch klarer ist was mit welcher Aussage gemeint ist. Ein Storyboard ist sehr hilfreich, jedoch auch sehr aufwendig in der Erstellung.

Disposition

Einleitung

Steht das Konzept und das Drehbuch, ist der Kunde zufrieden, ist das Angebot schriftlich bestätigt und sind die Deadlines bekannt, dann geht es an die Organisation. Eine Produktion muss komplett durchgeplant sein, damit sie funktioniert. Je nach Projekt variiert der Umfang der Organisation. Dabei gibt es viel zu beachten. Leider kommt es viel zu häufig vor, dass in der Organisation nachlässig gearbeitet wird. Dies führt früher oder später zu ernsten Problemen. Treten diese während der Dreharbeiten auf, so kann dies nicht nur peinlich werden, insofern der Kunde anwesend ist, sondern auch zum Abbruch des Drehs oder zumindest zu Umgestaltungen im Konzept kommen. Die Organisation eines Projektes muss penibel durchgeführt werden.

Organisation

Drehorte organisieren
Der Drehort wird maßgeblich durch das Drehbuch bestimmt. Die darin angestrebte Umgebung muss so gut es geht nachempfunden werden. Häufig ist es natürlich der Fall, dass ein Produkt sich in der Umgebung Ihrer Kunden befindet. Eine große Anlage für die Papierzerkleinerung werden Sie genauso wenig zu sich ins Studio holen wie den neuen Baukran eines Unternehmens. Eine Dokumentation über den Bau eines neuen Gebäudes ist vom Drehort her natürlich genauso festgelegt, wie die Begleitung einer Veranstaltung. Drehen Sie einen Film in keiner durch das Produkt oder den Kunden festgelegten Umgebung, so kommen viele Möglichkeiten für einen geeigneten Drehort in Betracht.

In einem Studio wird gedreht, wenn die Reise zu einem bestimmten Drehort zu aufwendig wäre, wenn es ausreichend ist vor Blue- oder Greenscreen zu drehen oder wenn das Set einfach in einem Studio aufgebaut werden kann. Dies kann unter Umständen viel

Geld sparen und den Drehablauf beschleunigen. Oftmals bietet sich ein Studiodreh für einzelne Produkte an, die besonders in Szene gesetzt werden müssen. Doch auch Effektdrehs mit Menschen lassen sich vor geeignetem Hintergrund meist schneller produzieren. Dazu zählen unter anderem im Weltraum schwebende Astronauten, Menschen in Wetterstudios, virtuelle Nachrichtensendungen oder gestellte Dreharbeiten in unwegsamen Geländen. Insofern es bei einer Szene nicht auf besondere Aktionen im Hintergrund ankommt, kann vieles in einem Studio gedreht werden.

Drehen Sie in Wohnumgebungen, so mieten Sie sich entweder ein Musterhaus oder suchen Sie in der eigenen Bekanntschaft. Es gibt auch Plattformen im Internet, die von Location Scouts betrieben werden. Solchen Scouts geben Sie die genauen Anforderungen an den Drehort und in der Regel finden die Scouts die passende Umgebung. Beim Dreh in Musterhäusern müssen Sie sich in der Regel an die Öffnungszeiten halten – doch auch dies ist von Musterhaus zu Musterhaus verschieden. Musterhäuser sind dankbare Drehorte, da sie grundsätzlich sauber und modern sind. Die Anbieter freuen sich in der Regel über eine zusätzliche Auslastung des Hauses.

> »Musterhäuser sind dankbare Drehorte,
> da sie grundsätzlich sauber und modern sind.«

Drehen Sie auf öffentlichem Gelände, so müssen Sie Rücksprache mit dem Amt für Presse- und Öffentlichkeitsarbeit halten. Dort erhalten Sie die entsprechende Drehgenehmigung, die Sie dem Ordungsamt im Fall der Fälle vorlegen müssen. Den entsprechenden Ansprechpartner finden Sie über das Bürgeramt der Stadt oder des Kreises in dem Sie drehen. Dies ist nicht nur dann notwendig, wenn die Dreharbeiten die Nutzung des jeweiligen öffentlichen Ortes beeinflussen, sondern ist generell angebracht. Dreharbeiten vor militärischen, polizeilichen oder sonstigen sicherheitsrelevanten Einrichtungen wie Kernkraftwerken, Chemieanlagen, u. Ä. sind sehr behutsam zu planen. In vielen Ländern ist es streng verboten solche Einrichtungen zu filmen und Sie sollten sich penibel daran halten, wenn Sie sich nicht verantworten möchten. In jeder dieser Einrichtungen gibt es eine Person, die für Presse- und Öffentlichkeitsarbeit verantwortlich ist. Diese Person ist Ihr Ansprechpartner.

> »Dreharbeiten vor militärischen, polizeilichen oder sonstigen
> sicherheitsrelevanten Einrichtungen wie Kernkraftwerken,
> Chemieanlagen, u. Ä. sind sehr behutsam zu planen.«

Müssen Straßen für einen Dreh gesperrt werden, so halten Sie Rücksprache mit der Polizei.

Drehen Sie mit Explosivstoffen oder Feuer, so muss der Drehort gemeinsam mit der Feuerwehr bestimmt werden. Diese muss ebenfalls beim Dreh vor Ort sein. Rücksprache halten Sie hierfür am besten mit Ihrer örtlichen Feuerwehr, die entsprechendes Personal zur Verfügung stellt. Umgehen Sie dies in keinem Fall. Weder Sie noch Ihr Arbeitgeber sind versichert, wenn bei solchen Dreharbeiten Unfälle passieren. Auch die Unfallkasse zahlt nicht, wenn Sie grob fahrlässig gehandelt haben.

Drehen Sie auf Firmengeländen bei denen besondere Sicherheitsvorschriften gelten, so müssen diese nicht nur eingehalten, sondern auch entsprechende Formalitäten ausgefüllt werden. In der Regel sollte der Kunde dabei helfen, insofern es sich beim Drehort um die kundeneigene Firma handelt. Drehen Sie bei Fremdfirmen, so muss unbedingt im Vorfeld eine Drehgenehmigung eingeholt werden. Oftmals ist es dafür auch notwendig die Namen der gesamten Crew, sowie die Drehzeiten anzugeben.

Egal wo Sie drehen – jeder Drehort hat seine spezifischen Eigenheiten. Sind Sie sich bei einigen Drehorten nicht hundertprozentig sicher, ob besondere Vorschriften gelten oder einzuhalten sind, so halten Sie Rücksprache mit jeweils vor Ort verantwortlichen Personen.

Darsteller casten
Egal ob Laie, Theaterdarsteller oder Film- und Fernsehschauspieler – Akteure im Film werden immer in Zusammenarbeit mit dem Kunden ausgesucht. Mittlerweile haben viele Darsteller Online Auftritte und Referenzvideos, die Sie sich anschauen können, um die Qualität des Schauspiels zu beurteilen. Dies kann bereits entscheidend für die weitere Vorgehensweise sein. Ansonsten sollten Darsteller gemäß dem Produkt gecastet, also ausgesucht werden, d. h. sie müssen zum Thema des Films passen. Datenbanken im Internet helfen dabei, aber auch Darstelleragenturen sollten in Betracht gezogen werden. Darsteller benötigen im Vorfeld immer das fertige Drehbuch, so dass sie genügend Zeit haben ihren Text zu lernen. Es sollte sich deshalb auch nicht mehr viel am Text ändern, da es auch für einen professionellen Darsteller schwierig ist, wenn auch nicht unmöglich, sich problemlos in einen neuen Text einzuarbeiten.

Technikplan erstellen
Es ist unabdingbar sich über den Dreh im Klaren zu sein und einen genauen Technikplan zu erstellen. Dabei ist alles zu durchdenken. Zu einer Kamera gehören geladene Akkus, evtl. ein Polfilter und sogar der 4-Pol auf 6-Pol FireWire- Adapter. Jedes noch so kleine Detail, welches für den Dreh wichtig ist, muss in einem Technikplan zusammengestellt werden. Dieser Plan hilft, Dinge nicht zu vergessen und gibt eine Übersicht über Material, welches noch beschafft werden muss. Bei kleineren oder Routinedrehs kann auf

diesen Plan verzichtet werden, insofern Sie im Kopf jeden einzelnen Signalweg durchgegangen sind und wissen, dass alles Nötige vorhanden ist.

Ein Technikplan sollte weit im Vorfeld des Drehs erstellt werden, um noch genügend Zeit zu haben, fehlendes Equipment zu beschaffen. Entweder kaufen Sie diese Technik oder Sie mieten sie hinzu. In nahezu jeder größeren Stadt gibt es Verleiher für Filmtechnik.

Beim Erstellen des Technikplans gehen Sie im Kopf durch, ob folgendes Equipment benötigt wird:

Equipmenttabelle

Für den Kameramann	Kamera, Akkus, Netzteil und ggf. Kaltgerätekabel oder Eurokabel, Kopflicht und ggf. Adapterkabel, Filter oder Folien für Kopflicht, Akkus für Kopflicht, Polfilter, UV-Filter oder sonstige Filter, Kompendium mit Frenchflag, Regenschutz, Linsenreiniger, Aufnahmemedien, Stativ und Stativplatte, sowie evtl. Stativadapter, Hinterkamerabedienung, Spezialstative
Für den Beleuchter	Verlängerungskabel, Lichtkoffer oder einzelne Scheinwerfer, Tages- oder Kunstlichtlampen, Lichtstative, Folien oder Gaze, Stativbeschwerung, Dimmer, Reflektor, Ersatzlampen, ggfs. Klammern
Für den Tontechniker	Mikrofonie in Form von Kapsel und Speisemodul oder Komplettset, Funkstrecke, Batterien oder Akkus, XLR Kabel, Kopfhörer, portabler Audiomischer, Tonangel samt Pistolengriff und Windschutz oder Windkorb, Mikrofonstativ
Sonstiges	Vorschaumonitor samt entsprechender Video-, Audio- und Kaltgerätekabel, Regenschutz, Dolly oder Schwebesysteme, Standerhöhungen für den Kameramann oder die Darsteller, Schreibutensilien, Klemmen und Klammern, Schere und Taschenmesser, Firewire oder USB Kabel und Computer mit genügend Speicherplatz für Datenübertragung on location.

Transport und Unterkunft
Gerade bei größeren Drehs muss der Transport sorgfältig geplant sein. Das Equipment sollte sicher verstaut werden und alle Personen genügend Platz finden. Wenn es nötig ist, so muss ein Mietwagen gebucht werden. Auch die Unterkunft vor Ort muss klar geregelt sein. Ein Hotel sollte nicht zu weit vom Drehort entfernt liegen, um vor oder nach einem anstrengenden Dreh keine sprichwörtliche Weltreise unternehmen zu müssen. Einzelzimmer sind anzustreben, so dass jedes Crewmitglied nach dem Dreh in Ruhe entspannen kann. Bei der Organisation von Hotels sind An- und Abreisezeiten zu beachten. Sollte es dabei zu sehr späten Check-Ins oder sehr frühen Check-Outs kommen, sollte dies im Vorfeld mit dem jeweiligen Hotel geklärt werden. Es ist auch wichtig zu wissen, wo vor oder bei dem Hotel geparkt werden kann. Einige Innenstadthotels verfügen zwar über eine Tiefgarage, die muss jedoch oftmals extra bezahlt werden.

Drehplan erstellen
Ein Drehplan basiert auf dem Drehbuch und teilt dessen Szenen in einen sinnvollen Zeitplan ein. Viele Szenen, die sich quer über den Film erstrecken, spielen an ein und demselben Ort. Es bietet sich also an erst alle Szenen an diesem Ort zu drehen, bevor Sie zum nächsten Ort übergehen. Für Außenstehende ist dieses Vorgehen sehr verwirrend, da es scheint, als ob willkürlich und wahllos gedreht wird. In Wirklichkeit ist es jedoch sehr zeitsparend. Im Schnitt wird später alles so zusammengefügt, wie es das Drehbuch vorsieht. Um einen ordentlichen Drehplan zu erstellen, bietet es sich an, ein Drehbuch in einzelne Szenen zu unterteilen und für jede Szene folgende Punkte niederzuschreiben:

Um welche Szene handelt es sich?
Auf welcher Seite im Drehbuch befindet sich die Szene?
An welchem Drehort wird gedreht?
Handelt es sich um eine Innen- oder Außenaufnahme?
Handelt es sich um eine Aufnahme bei Tag oder bei Nacht?
Welche Hauptdarsteller werden benötigt?
Welche Nebendarsteller werden benötigt?
Welche Komparsen werden benötigt?
Welche Requisite wird benötigt?
Gibt es Special Effects?

Es versteht sich von selbst, dass die Angaben dazu nicht in epischer Breite ausgeführt werden. Kurze und knappe Informationen reichen völlig aus und erleichtern es später die Übersicht zu bewahren.

Zeitpläne
Ein Drehplan definiert wie viel Zeit pro Szene benötigt wird. Daraus lässt sich leicht ein entsprechender Zeitplan ableiten, der bestimmt wann was gedreht werden sollte. Ein Zeitpuffer von 30 bis 60 Minuten sollte bei größeren Szenenwechseln immer eingerechnet werden. Zum Beispiel für den Fall, dass ein Darsteller sich häufiger verspricht, dass ein Crewmitglied ausfällt oder dass sonstige unvorhergesehene Dinge passieren. Auch sollten weder Crew noch Darsteller überanstrengt werden. Pausen müssen mit eingerechnet werden, genauso wie Fahrwege etc. Spielen Kinder oder Tiere am Set mit, so müssen strengere Pausenregeln eingehalten werden. Je nach Art der Szene kann es sein, dass Kinder nicht mehr als zwei bis drei Stunden drehen dürfen. Auch wenn Tiere keine Lust mehr haben, so sollte der Dreh abgebrochen werden und ein Plan B greifen.

Doch nicht nur der Dreh muss zeitlich koordiniert werden, sondern auch An- und Abfahrten, Hotelübernachtungen, wann welcher Darsteller und welches Teammitglied wo sein soll etc. Jede an einem Dreh beteiligte Person benötigt einen eigenen Zeitplan, so dass jeder immer weiß, was wann passiert. Um unnötiges Warten zu vermeiden, sollten Darsteller und Crewmitglieder erst dann am Drehort erscheinen, wenn sie benötigt werden.

Adress- und Telefonlisten
Egal was schiefgehen kann, irgendetwas geht auch schief. Dann ist es wichtig, schnell den richtigen Ansprechpartner am Set parat zu haben. Nur so kann auch bei unvorhergesehenen Situationen gewährleistet werden, dass ein Dreh halbwegs flüssig abläuft. Namen, Telefonnummern, E-Mail- Adressen und Anschriften müssen von jedem Teammitglied vorhanden sein und allen anderen Teammitgliedern zugänglich gemacht werden. So kann der Darsteller den Regisseur anrufen, wenn er sich verspätet. Der Tonassistent kann den Tonmeister anrufen, wenn er sich verfahren hat und der Bestboy (der Beleuchter) kann dem Gaffer (dem Oberbeleuchter) eine E-Mail schreiben, wenn er am Vortag irgendwas am Set verändert hat. Wichtig ist, dass die Listen übersichtlich sind. In der Regel wird eine Telefonnummer vor allem anderen benötigt. Name, Funktion und Telefonnummer sollten also für jeden sofort ersichtlich sein.

Unterlagen
Ein Dreh häuft unweigerlich Unmengen verschiedener Unterlagen an. Dazu zählen Drehgenehmigungen, Erlaubnisscheine, Fabrikausweise, Parkkarten, Akkreditierungen, besondere Ausweise, Strahlenschutzpässe und -papiere für Arbeiten in radioaktiven Umgebungen, medizinische Untersuchungen für Arbeiten in sensiblen Bereichen etc. Sind all diese Unterlagen für den Dreh vorhanden? Sind sie gut zusammengefasst in einer Mappe oder zumindest griffbereit? Werden Unterlagen vergessen, so kann dies einen Dreh unnötig verzögern. Im Team sollte es einen Projektkoordinator geben, der sich um

die vielen kleinen Details kümmert, die in der Hektik verloren gehen könnten. Bei TV Produktionen ist das zumeist der Aufnahmeleiter, bei produzierenden Unternehmen ein eigens dafür Verantwortlicher.

Dreharbeiten

Einleitung

Der Dreh kann beginnen, wenn alles organisiert ist, wenn also Drehplan und Genehmigungen vorliegen und sich laut Plan die Darsteller am Platz befinden. Neben diversen kleineren Tätigkeiten, die von Assistenten übernommen werden und eventuell der eines/r Visagisten/in, der/die normalerweise nach einer Einweisung weiß, was er/sie tut, kommen vier Hauptaufgaben beim Dreh besondere Beachtung zu.

Die Rede ist von Regie, Kamera, Licht und Ton. Jeder dieser Bereiche ist gleichwertig anzusehen, auch wenn das sehr gern vernachlässigt wird. Ein Kameramann kann nur mit gutem Licht ein gutes Bild zaubern. Der Regisseur kann nur mit einem guten Gesamtteam vernünftig arbeiten. Im Schnitt wird es der Editor dem Tonmeister danken, dass er sauberen Ton aufgezeichnet hat. Auszubildende und Berufsanfänger sollten in jedem Bereich genügend Wissen haben, um zumindest die Basisaufgaben abdecken zu können.

> »Regie, Kamera, Licht und Ton.
> Jeder dieser Bereiche ist gleichwertig anzusehen«

Der Kameramann hat viel zu beachten wenn er dreht. Oftmals liegt kein Drehbuch vor, so dass ein Kameramann ohne Regisseur auf sich allein gestellt ist. Er ist also nicht nur für ein gutes Bild verantwortlich, sondern muss technische Aspekte berücksichtigen, den kompletten Bildaufbau und dessen Inhalt durchgehen, sowie eine Geschichte im Kopf haben, die er erzählen möchte. Unabhängig davon, ob ein Drehbuch vorliegt oder nicht – Fragen, die sich jeder Kameramann bei jeder Einstellung stellen sollte, sind:

Passen das Bild und die anderen Inhalte später im Schnitt aneinander?
Filmen Sie für einen Verein ein Motocross-Rennen, so sollten Sie im Kopf bereits eine Geschichte parat haben, die Sie erzählen möchten. Sammeln Sie für diese Geschichte die passenden Bilder und versuchen Sie jeden Aspekt zu beleuchten. Totalen

und Details, hinstürzende Motorräder, packende Überholmanöver, jubelnde und bedrückte Zuschauer, die Start- und Zieleinfahrt. Dies sind klassische Bilder, die gesammelt werden können. Die Aufgabe des Kameramanns ist es nun, diese Bilder zu suchen und den Film bereits im Kopf zu schneiden, so dass er auch tatsächlich die richtigen Einstellungsgrößen wählt.

Passieren im Bild Dinge, die der Zuschauer nicht nachvollziehen kann?
Der Klassiker hierbei sind sich verändernde Lichtverhältnisse. Drehen Sie bei bewölktem Himmel, durch den immer wieder die Sonne bricht, so wirkt sich dies lichttechnisch auf Ihr Bild aus. Als Beispiel wird ein Dialog zwischen zwei Personen gefilmt. Im Wechsel (Schuss-Gegenschuss) werden die Dialogpartner gezeigt. Da solch ein Dialog in der Realität eine Sache von Minuten ist, ein Dreh aber durchaus mehrere Stunden dauern kann, muss gewährleistet sein, dass die Gesichter der Personen immer gleich aussehen. Steht einem Darsteller mal Sonne im Gesicht und mal nicht, so ergibt das für die, die vor Ort gedreht haben Sinn, denn das Team weiß, dass der Himmel gerade nur halb bewölkt war. Der Zuschauer weiß dies nicht.

Gibt es im Bild Objekte, die die Aufmerksamkeit des Zuschauers ablenken?
Bewegte Objekte lenken die Blicke des Betrachters auf sich. Auch grelle Farben oder schärfere Objekte, als das eigentlich gefilmte, lenken den Zuschauer ab. Ein klassisches Beispiel ist das Statement eines Unternehmers. Er steht halbnah vor der Kamera und gibt sein Statement ab. Im Hintergrund ist der Eingang seines Firmengebäudes zu sehen. Laufen nun permanent Menschen rein und raus, so wird der Betrachter auch permanent von den Menschen abgelenkt. Das Statement verliert an Bedeutung. Auch ein knallrotes Auto im Hintergrund einer doch eher farbneutralen Szene wird sofort den Blick auf sich ziehen, selbst wenn das überhaupt nicht gewollt ist. Schlussendlich schaut ein Mensch zuerst auf scharfe Konturen. Ist die Schärfe bei einer Aufnahme falsch gezogen, so wird der Zuschauer zuerst das scharfe Objekt im Bild ansehen, da dies für seine Augen und sein Gehirn einfacher zu verarbeiten ist.

Ist das Bild harmonisch angeordnet?
Der Goldene Schnitt und die Symmetrie sind zwei Modelle, um Bilder harmonisch zu gestalten. Beim Goldenen Schnitt geht man davon aus, dass sich die Hauptobjekte eines Bildes in einem Drittel (links, rechts, oben oder unten) befinden, während sich die nebensächlichen Objekte in den anderen beiden Dritteln befinden. Bei der Symmetrie befinden sich die wichtigen Objekte symmetrisch zueinander im Bild.

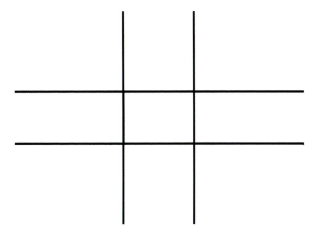

Das Konzept des Goldenen Schnitts.

Aufnahme im Goldenen Schnitt.

Dreharbeiten | 45

Die Aufnahme ist zu weit unterhalb des Goldenen Schnitts.

Die Aufnahme liegt genau im Goldenen Schnitt.

Ist das Hauptobjekt ordentlich im Bild zu sehen?
Der Klassiker hierbei sind abgeschnittene Personen. Sind sie zu weit links, rechts, oben oder unten im Bild, so passiert es oft, dass Personen abgeschnitten werden. Insofern dies nicht der Einstellungsgröße oder der Geschichte, die mit einem Film erzählt werden soll, einträglich ist, gibt es keinen Grund dies zu tun. Wenn ein Objekt abgeschnitten werden soll, dann richtig. Ein Gesicht groß ins Bild zu nehmen, um dann nur den Haaransatz abzuschneiden, ergibt gestalterisch keinen Sinn. Entweder wird der Kopf vollends ins Bild genommen oder er wird an der Stirn beschnitten.

Jeder Kameramann sollte letztendlich das Produkt, das Objekt oder den Menschen um das/den es geht im Blick behalten und muss wissen, dass seine Aufnahmen von einem Editor geschnitten werden. Der Großteil der Arbeit an einem Film findet während des Schnitts statt. Je einfacher es der Editor hat mit dem Material zu arbeiten, welches er geliefert bekommt, desto besser. Ein guter Kameramann denkt immer an den Editor und versucht ihm so wenig wie möglich unnötige Arbeit zu machen. Ist er konzentriert bei der Sache und weiß worauf er achten muss, so wird es der Editor um ein Vielfaches leichter haben. Der Satz „Das macht die Post" (Das macht die Postproduktion) sollte sofort aus dem Wortschatz eines guten Kameramannes gestrichen werden.

Arbeitssicherheit

Arbeitssicherheit ist kein Thema, welches nur in großen Konzernen oder in produzierenden Unternehmen eine Rolle spielt. Jede Firma, sei sie auch noch so klein, muss für Mitarbeiter die notwendige Sicherheit gewährleisten. Auch Ihr Unternehmen muss Mitglied in einer Berufsgenossenschaft sein. Im medienproduzierenden Gewerbe ist das die BG ETEM. Diese Berufsgenossenschaft publiziert regelmäßig ein Magazin, welches allen Mitgliedern zugänglich gemacht wird. Ein Blick dort hinein hilft Ihnen und Ihrem Unternehmen ein grundsätzliches Verständnis von Arbeitssicherheit zu erhalten.

> »Jede Firma, sei sie auch noch so klein, muss für
> Mitarbeiter die notwendige Sicherheit gewährleisten.«

Doch auch bei Dreharbeiten, sowie der Arbeit in der Postproduktion, ist es notwendig die Thematik der Arbeitssicherheit ernst zu nehmen.

Arbeitssicherheit im Büro:
In Ihrem Büro sollten Fluchtwege markiert sein, selbst wenn ein Büro noch so klein ist. Ein Brand mit immenser Rauchentwicklung kann dazu führen, dass Sie beim Schnitt mit einem Kunden vielleicht noch wissen, wie Sie aus der Feuergefahr heraus kommen (Sie sind den Weg zum Ausgang des Büros schon zig Mal gelaufen). Ihr Kunde kennt den Weg nicht.

Im Büro sollten ein Verbandskasten und ein Feuerlöscher vorrätig sein. Beides muss regelmäßig geprüft werden und darf nicht veraltet sein.

In den Postproduktionsräumen liegen in der Regel Unmengen an Kabeln. Diese müssen regelmäßig überprüft werden. Verstaubte, seit mehreren Jahren ungeprüfte Kabel und Elektrogeräte können völlig unbemerkt kaputt gehen und plötzlich zu einem Brandherd werden.

Für Ihre Gesundheit sollten Sie darauf achten, dass Sie auf guten rückenschonenden Bürostühlen arbeiten. Stellen Sie sie so ein, dass Ihre Augen auf derselben Höhe sind wie die Oberkante des Monitors. Keinesfalls dürfen Sie dauerhaft nach oben oder nach unten schauen, nur weil die Monitore falsch stehen. Machen Sie regelmäßige Pausen, die Sie nicht vor dem Monitor verbringen. Beruhigen Sie Ihre Augen.

Den ganzen Tag vor dem Computer beim Schnitt, o. Ä., zu sitzen, belastet den gesamten Körper. Laufen Sie häufiger im Büro auf und ab oder versuchen Sie so viele Wege wie möglich zu machen, ohne dabei natürlich Ihre Effektivität zu beeinträchtigen.

Arbeitssicherheit beim Drehen:
Auch beim Dreh kommt es häufiger zu Situationen in denen die Arbeitssicherheit vernachlässigt wird. Will ein eifriger Kameramann das Bild seines Lebens aufzeichnen oder sieht ein Drehbuch eine sehr schwierige Perspektive vor, so kommt es vor, dass der gesunde Menschenverstand vernachlässigt wird. Der Kameramann begibt sich plötzlich doch noch eine Stufe höher auf eine Leiter und für die schwierige Perspektive drängt er sich dann doch in eine Ecke, in der er nicht zuviel Zeit verbringen sollte.

Seien Sie nicht faul – überlegen Sie, wie Sie die Situation sicher machen können – auch wenn die Zeit rennt. Ein gebrochenes Bein oder etwas Schlimmeres hilft Ihnen auch nicht weiter, selbst wenn Sie dadurch eine tolle Aufnahme gemacht haben.

Lassen Sie sich als Kameramann auf Erhöhungen absichern.
Gehen Sie vorsichtig mit defekten Kabeln, Akkus, Netzteilen oder Ladegeräten um.
Gehen Sie vorsichtig mit heißen Scheinwerfern um.
Schauen Sie nicht direkt in Scheinwerfer hinein.
Vergewissern Sie sich, dass jeder Scheinwerfer ein Schutzgitter hat für den Fall, dass eine Lampe explodiert.
Verlegen Sie Kabel ordentlich und sichern Sie sie mit Kabelbrücken oder Gaffatape, so dass niemand stolpern kann.
Laufen Sie nicht unkonzentriert über ein Set.
Machen Sie Pausen, wenn Sie merken, dass Sie übermüdet oder unkonzentriert sind.
Schalten Sie Ihren gesunden Menschenverstand ein.

Selbstvertrauen

Gerade Neueinsteigern in der Branche fällt es schwer ihren eigenen Fähigkeiten zu vertrauen. Natürlich sind sie unsicher und wissen nicht zu hundert Prozent, ob das, was Sie tun oder zu tun gedenken wirklich richtig ist.

Reden Sie mit Ihrem Vorgesetzten darüber, wenn Sie sich überfordert fühlen. Bei Dreharbeiten muss alles funktionieren und das Team selbstständig agieren können. Warten Sie jedes Mal auf Anweisungen von irgendjemandem, so kann dies schnell zu Unmut führen. Klären Sie also im Vorfeld ab, wie Sie sich verhalten sollen und was Sie sich selbst noch nicht zutrauen.

Dies darf jedoch für Sie kein Freifahrtschein werden sich der Verantwortung zu entziehen. Sie müssen während der Ausbildung lernen eigenmächtig Entscheidungen zu treffen und diese auch umzusetzen. Sind Sie am Set für eine Aufgabe eingeteilt, dann sind Sie es, der das Sagen hat. Maximal Ihr Vorgesetzter redet in Ihre Arbeit rein. Er war es auch, der Ihnen die jeweilige Verantwortung übertragen hat und das Vertrauen in Sie setzt. Kommt ein anderes Teammitglied auf die Idee, dass Sie Ihre Arbeit doch besser machen könnten, so nehmen Sie dies als konstruktiven Beitrag, doch vertrauen Sie sich selbst. Oft ist es so, dass sich andere Teammitglieder profilieren möchten – geht das auf Ihre Kosten, dann fehlte Ihnen bislang der Mut und das Selbstvertrauen Dinge selbst in die Hand zu nehmen.

»Sind Sie am Set für eine Aufgabe eingeteilt,
dann sind Sie es, der das Sagen hat.«

Sie lernen natürlich bei jedem Dreh neu dazu. Scheuen Sie sich nicht, das Gelernte auch tatsächlich anzuwenden, selbst wenn es gegen die Meinung einzelner Personen geht. Sie sind zwar Auszubildender, aber auch Sie werden irgendwann wissen, was Sie tun.

Licht

Licht ist wichtig für ein gutes Bild. So einfach kann man es ausdrücken. Doch Licht kann ein Bild auch völlig kaputt machen. Es ist also gleichermaßen der beste Freund und der ärgste Feind des Kameramannes. Nur ein gut gesetztes Licht macht eine Aufnahme zu einer guten Aufnahme. Ist der Kameramann nicht selbst lichtsetzend, also bringt er nicht selbst ein Kopflicht an seiner Kamera an oder kümmert sich um eine 3-Punkt Ausleuchtung in einer Interviewsituation, so ist der Gaffer (= Oberbeleuchter) oder der Best Boy (= Beleuchter) verantwortlich für gutes Licht.

Licht wird dafür eingesetzt, das hervorzuheben
was der Zuschauer als erstes erblicken soll.

Licht wird dafür eingesetzt, das hervorzuheben was der Zuschauer als erstes erblicken soll. Es definiert also die Wichtigkeit eines Produkts, eines Objekts oder einer Person in jeder einzelnen Einstellung. Der Kameramann muss also immer überprüfen, ob dies auch während der gesamten Szene so bleibt. Gerade bei Schwenkbewegungen oder Fahrten kann es bei schlecht gesetztem Licht vorkommen, dass die wichtigen Objekte plötzlich im Schatten agieren und nicht mehr vernünftig ausgeleuchtet sind.

Auch muss der Kameramann überprüfen, ob irgendwelche störenden Lichtreflexe im Bild zu sehen sind. Die Sonne verursacht gern Reflexe auf der Linse, wenn kein Sonnenschutz vorhanden ist. Spiegeln sich Scheinwerfer in Brillen, Fensterscheiben, Autogläsern oder Ähnlichem? Spiegelt sich ein Scheinwerfer eventuell sogar in der Glatze eines Protagonisten? Ist dem so und sollte es nicht sein, so muss entweder der Scheinwerfer umgestellt werden oder etwas anderes an der Szene verändert werden. Der Protagonist kann seinen Kopf leicht in eine andere Richtung neigen. Vor Fensterscheiben könnte ein Vorhang gezogen werden und ein Polfilter vor der Kameralinse kann störende Reflexionen aus Autoscheiben filtern.

Der Kameramann muss sich immer fragen, ob das was im Bild zu sehen ist natürlich so ausgeleuchtet sein kann oder ob zu viel Licht im Bild ist. Die Scheinwerfer nur zu nutzen, weil sie gerade da sind, ist der falsche Ansatz. Oft tut es gut einen Scheinwerfer einfach ausgeschaltet zu lassen. Eventuell muss auch mit Folien oder einem Dimmer nachgeholfen werden, um die richtige Lichtstimmung zu erzeugen. Der Fantasie sind keine Grenzen gesetzt, solange das Licht natürlich aussieht und der Zuschauer Änderungen im Licht nachvollziehen kann. Ist nach einem Umschnitt plötzlich ein anderes Objekt ausgeleuchtet, obwohl sich die Szenerie nicht geändert hat, dann ist das schlicht und einfach ein Fehler. Auch sich ändernde Helligkeitsverhältnisse beim Außendreh gehören zu typischen Lichtproblemen. Scheint die Sonne in einem Moment noch ins Gesicht des Darstellers und nach dem Umschnitt ist eine Wolke davor, so weiß zwar das gesamte Team warum das so ist, doch der Zuschauer weiß es nicht. Licht muss sich also mit der Geschichte des Films verändern. Es ist eine Aufgabe des Regisseurs, aber auch des Kameramannes, dies zu erkennen. Im besten Fall kümmert sich ein Beleuchter um die Probleme und nimmt dem Regisseur oder Kameramann so Arbeit ab.

Licht kann auch technisch zu Problemen führen. Es kann flackern oder die falsche Farbtemperatur besitzen. Gerade Neonlicht neigt dazu zu flackern und einen grünen Stich auf das gesamte Bild zu legen. Bei einigen Kameras kann es in Zusammenhang mit dem Shutter sogar zu gravierenden Bildfehlern kommen, wenn unter flackerndem Licht gedreht wird. Versuchen Sie also zu vermeiden in Neonlicht zu drehen. Sollte dies nicht machbar sein, dann nehmen Sie am besten einen externen Vorschaumonitor mit und überprüfen das Bild auf diesem Monitor. Flackerndes Licht ist oft nicht auf den kleinen Kameradisplays erkennbar. Der Shutter hilft Ihnen dieses Flackern zu kompensieren.

Kunst- und Tageslicht
In erster Instanz gilt es zu entscheiden, ob Kunst- oder Tageslicht verwendet werden soll. Hierfür gibt es verschiedene Lampen und Brennertypen, die sich nicht nur darin unterscheiden, dass einige Brenner mit einem Gasgemisch und andere mit Drahtfäden arbeiten, sondern auch in der Farbtemperatur. Je mehr Kelvin (= Wert der Farbtemperatur) vorhanden sind, desto mehr Blau ist im Licht vorhanden. Umgekehrt gilt: Je weniger Kelvin, desto mehr Orange ist im Licht vorhanden. Normales Tageslicht hat etwa 5.600 Kelvin, normales Kunstlicht von einem Wolframdraht hat etwa 3.200 Kelvin. Oft finden Sie die Bezeichnung „Daylight" für Tageslicht und „Tungsten" für Kunstlicht.

Drehen Sie tagsüber außen und haben Sie als Kopflicht für Ihre Kamera nur Kunstlicht zur Verfügung, so haben Sie folgendes Problem: Das Tageslicht hat zum Beispiel eine Farbtemperatur von 6.000 Kelvin. Ihr Kopflicht hat allerdings nur 3.200 Kelvin. Wie stellen Sie Ihren Weißabgleich ein? Nutzen Sie das Tageslicht für den Weißabgleich, so wird Ihr Protagonist vor der Kamera sehr viel orangefarbener und somit wärmer erscheinen. Nutzen Sie jedoch das Kopflicht für den Weißabgleich, so wird der Hintergrund bläulich erscheinen. Es empfiehlt sich, immer dieselbe Farbtemperatur zu verwenden. Gegebenenfalls helfen Ihnen Folien, die Sie vor das jeweilige Licht spannen.

»Es empfiehlt sich, immer dieselbe Farbtemperatur zu verwenden.«

Leistung
Als nächster Schritt muss über die Helligkeit entschieden werden. Dafür ist entscheidend, mit wie viel Watt die Scheinwerfer ausleuchten. Für ein kleines Interview mit ein bis zwei Personen reichen sicherlich 3x 650 Watt-Scheinwerfer, um eine klassische 3-Punkt Ausleuchtung (Führung, Aufheller und Spitze) zu generieren. Bei größeren Sets müssen schon die 1 oder 2 KW-Strahler verwendet werden. Doch wie bereits im Vorfeld erwähnt – nur weil genügend Scheinwerfer vorhanden sind, müssen sie nicht zwangsläufig eingesetzt werden. Manchmal ist weniger auch mehr.

»Wo Licht ist, ist auch Schatten.«

Licht und Schatten
Grundsätzlich gilt: Wo Licht ist, ist auch Schatten. Zwanghaftes Wegleuchten von Schatten führt maximal dazu, dass ein Bild langweilig und flach aussieht. Solange Schatten nicht stören, indem sie ablenken, wichtige Bildteile verdecken oder überhaupt nicht zur Kernaussage des Bildes passen, sollten Sie mit ihnen arbeiten und sie nicht verbannen. Was Sie in jedem Fall vermeiden sollten sind lange Nasenschatten auf Grund falscher Ausleuchtung von Einzelpersonen.

Akzente setzen
Licht ist nicht nur dafür da, um etwas aufzuhellen, sondern um Akzente zu setzen. Grundsätzlich sollte nur das ausgeleuchtet sein, was im Bild relevant ist. Es sollte während einer gesamten Bewegungsphase ausgeleuchtet sein. Ob gleichmäßig oder nicht spielt keine Rolle. Die Ausleuchtung eines Objekts soll den Zuschauer führen. Das menschliche Auge schaut zuerst an die hellste Stelle im Bild. Wenn es Vorteile bringt Akzente zu setzen, tun sie das. Auch der Einsatz von Hilfsmitteln sollte angedacht werden. Mit Folien oder einer Linse, die für Lichtstreuung sorgt, kann eine Menge erreicht werden. Ein Fenster simulieren Sie, indem Sie einen Holzrahmen in einem entsprechenden Abstand vor die Lichtquelle halten. Ein Kerzenflackern kann durch einen Ventilator und einer beinahe lichtundurchlässigen Folie simuliert werden. Mit Frost oder Gaze machen Sie aus hartem gespotteten Licht eine weiche Fläche. Skintone Filter heben Hautfarben hervor, eine Tageslichtfolie kann aus einem Kunstlichtscheinwerfer einen Tageslichtscheinwerfer machen. Es gibt vielseitige Möglichkeiten. Die Anforderung an jeden Kameramann oder Lichtverantwortlichen ist es kreativ zu sein. Was kann verändert werden, um das Bild noch schöner zu gestalten? Was kann im Hintergrund zusätzlich ausgeleuchtet werden? Kann vielleicht ein Scheinwerfer ganz entfernt werden?

Ton

Tonmenschen haben es schwer, beim Dreh mit unerfahrenen Personen ernst genommen zu werden, wenn sie für visuelle Arbeiten Ton liefern sollen. Sehr vielen Zuschauern, teilweise auch den Kameramännern oder Editoren, ist nicht bewusst, welche Rolle guter Ton spielt. Ein Tontechniker sollte über genügend Durchsetzungsvermögen verfügen und klipp und klar sagen, wenn der Ton nicht passt und er keine Möglichkeiten sieht das Problem später zu beheben.

Natürlich liebt ein Kameramann die Arbeit mit dem Bild. Manchmal steht aber kein Tonassistent zur Verfügung, der ihm die Arbeit mit dem Ton abnimmt. Muss er sich selbst noch um den Ton kümmern, dann darf er an dieser Stelle keine Nachsicht walten lassen. Die folgenden Ausführungen gelten sowohl für den Kameramann, als auch für den potentiellen Tonassistenten.

Die Grundfrage ist: Welcher Ton wird aufgenommen? Dazu ist zu überprüfen, ob der Mikrofoneingang richtig geroutet ist. Hat ein Hauptdarsteller ein gutes Ansteckmikrofon und hören Sie in der Kamera dennoch den Raumhall, während gesprochen wird, dann stimmt etwas nicht. Ein gutes Mikrofon liefert immer einen klaren Ton, insofern es die richtige Richtcharakteristik für die entsprechende Situation besitzt. Das heißt im Endeffekt, dass jeder Ton abgehört werden muss. Dafür dürfen keine billigen Kopfhörer verwendet werden, sondern es sollten vollständig abgeschlossene Abhörkopfhörer genutzt werden. Nur so können Sie den Ton, der gerade in der Kamera ankommt, vom Um- gebungston unterscheiden. Ein Pegelausschlag im Sucher der Kamera heißt noch lange nicht, dass ein vernünftiger und sauberer Ton aufgenommen wird. Der Nachteil bei einer chlechten Tonaufnahme ist, dass Sie in der Postproduktion im Regelfall nichts mehr retten können. Während Sie ein Bild noch kaschieren können und bis zu einem gewissen Punkt auch aus einer schlechten Aufnahme noch etwas heraus holen kann, so funktioniert dies beim Ton nicht.

Das richtige Mikrofon für die entsprechende Anwendung ist dabei sehr wichtig.

Die Richtcharakteristiken sind:

Acht
Die Acht nimmt Ton in Form einer Acht von zwei gegenüberliegenden Seiten auf. Diese spezielle Richtcharakteristik eignet sich am ehesten für musikalische Stereoaufnahmen oder in einer Interviewsituation, bei der weder Anstecker existieren noch ein Mikrofon hin und her gereicht werden soll. Die Verwendung einer Acht bedarf einer großen Portion Erfahrung.

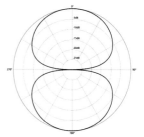
Richtcharakteristik Acht

Kugel
Die Kugel nimmt alles auf. Sie empfängt von allen Seiten Ton und zeichnet diesen auf. In einer Umgebung, die von Grund auf laut ist, eignet sie sich keinesfalls. Eine Kugel kann in Gesprächsrunden verwendet werden oder in Umgebungen die absolut ruhig sind.

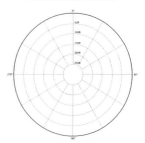
Richtcharakteristik Kugel

Keule
Eine Keule ist eine sehr stark gerichtete Niere. Sie nimmt Ton nur dann auf, wenn er komplett frontal auf die Keule trifft. Mit einer Keule lassen sich weit entfernte Schallquellen aufnehmen. Wenn Sie einen Redner in einer großen Menschenansammlung aufnehmen möchten, dann können Sie eine geangelte Keule auf ihn richten und sogar aus 5 Metern Entfernung noch halbwegs akzeptablen Ton aufzeichnen.

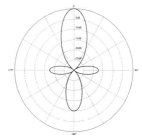
Richtcharakteristik Keule

Niere, Superniere und Hyperniere
Nierenmikrofone sind gerichtete Mikrofone. Sie nehmen Schall nur auf, wenn sie direkt von vorn besprochen werden. Sie eignen sich daher ideal in Umgebungen, in denen man laute, störende Umgebungsgeräusche filtern möchte. Nieren sind Standardmikrofone für EB-Teams, für Interviews, auf Messen etc.

Richtcharakteristik Niere   Richtcharakteristik Superniere   Richtcharakteristik Hyperniere

Egal welche Charakteristik Sie wählen – entscheidend ist, dass der Ton nicht übersteuert ist. Ist er zu laut, ist der Pegel also am Anschlag, so gehen Signale verloren, die nicht mehr wiederherstellbar sind.

Wichtig für den späteren Schnitt ist es, genügend Atmo aufzuzeichnen. Egal in welcher Situation gefilmt wird, es sollte immer genügend Zeit sein, um mehrere Minuten Atmosphäre aufzunehmen. Dabei sollte niemand in Mikrofonnähe reden oder klatschen (zum Beispiel in Theatern oder bei Konzerten). Die Atmo kann später im Schnitt verwendet und über Bildschnitte gelegt werden. Jeder Editor wird dankbar sein, einen vernünftigen Ton und genügend Atmo geliefert zu bekommen.

Die richtige Mikrofonie
Der Tontechniker entscheidet zusammen mit dem Kameramann, wo Mikrofone sichtbar oder unsichtbar sind. Wie diese gepegelt werden ist einzig und allein Aufgabe des Tontechnikers. Die Art der Mikrofonie richtet sich nach der Anforderung am Drehort. Zu unterscheiden ist immer, ob Ansteckmikrofone oder Handmikrofone verwendet werden. Soll eine Funkstrecke verwendet werden oder alles kabelgebunden ablaufen? Der Nachteil einer Funkstrecke ist, dass es bei größeren Locations und Sets eventuell zu Frequenzüberlagerungen kommen kann. Des Weiteren haben Batterien oder Akkus eine begrenzte Lebenszeit und bei einer Funkstrecke könnten immer Sender oder Empfänger kaputt gehen. Nichts von dem passiert bei einer kabelgebundenen Mikrofonie, die noch dazu auf Phantomspeisung beruht. Die Ausfallwahrscheinlichkeit ist sehr gering. Phan-

tomspeisung besagt, dass ein Mikrofon nicht durch eine separate Batterie oder einen Akku betrieben werden muss. Vielmehr liefert die Kamera die entsprechende Energie für das Mikrofon.

> »Phantomspeisung besagt, dass ein Mikrofon nicht durch eine separate Batterie oder einen Akku betrieben werden muss.«

Kopfhörer
Besondere Anforderungen werden auch an den Kopfhörer des Tontechnikers gestellt. Dieser muss möglichst isoliert von der Umgebung sein und das Tonsignal so exakt wie möglich wiedergeben können. Sie können die Lautstärke, sowie die Pegelung von Tiefen, Mitten und Höhen im Schnitt problemlos anpassen. Was jedoch nicht so einfach zu lösen ist, sind Störgeräusche wie Rauschen, Knistern oder Knacken. Diese Geräusche sollten unbedingt vermieden werden, da es sonst dazu führen kann, dass der Ton unbrauchbar wird. Während Sie beim Bildschnitt mit einer schlechten Aufnahme dennoch halbwegs arbeiten können, indem Sie zum Beispiel retuschieren oder andere Bilder schneiden, ist ein schlechter Ton nicht mehr zu retten. Exaktes und konzentriertes Abhören mit einem guten Kopfhörer ist also Pflicht.

> »Exaktes und konzentriertes Abhören mit einem guten Kopfhörer ist Pflicht.«

Umgebungston
Bei einem Dreh sind nicht nur Dialoge gefragt, sondern auch der Umgebungston, die so genannte Atmo. Hierbei handelt es sich um die allgemeinen Geräusche einer Location: In einem Wald rascheln die Blätter, Zweige knacken und Vögel zwitschern. In einer Industriehalle rauschen Maschinen, knattern Ketten und hin und wieder fällt auch einmal etwas herunter. In einer Sportarena brabbeln Menschen, Handys klingeln und Fotokameras lösen aus.

Es gibt keine natürliche Umgebung, an der es absolut keinen Ton gibt. Der verantwortliche Tonmeister sollte unbedingt mehrere Minuten Umgebungston bei absoluter Ruhe des gesamten Teams aufzeichnen. Dies hilft später im Schnitt, um eine einheitliche Atmosphäre zu schaffen. Sollte es nicht möglich sein, dass das gesamte Team ruhig ist, so muss der Tonmeister gegebenenfalls später noch einmal separat zum Drehort zurückkehren, um die Aufnahmen durchzuführen.

Regie

Die Regie hat den schwierigsten Job am Set. Bei ihr laufen alle Fäden zusammen. Ein Regisseur hat im Normalfall ganz konkrete Zielvorstellungen von dem, was er erreichen möchte. Er arbeitet eng mit dem Kameramann zusammen und spricht Bildeinstellungen ab. Als Regisseur dürfen Sie nie die Nerven verlieren, müssen ein gutes Händchen für die Crewführung beweisen und die komplette Organisation im Blick haben. Außerdem sollten Sie freundlich sein und Durchsetzungsvermögen mitbringen. Als Regisseur müssen Sie sich darüber im Klaren sein, dass ohne die eigene klare Ansage viele Crewmitglieder nicht immer so arbeiten, wie es sein sollte. Angaben, egal welcher Art, müssen präzise, deutlich und verständlich sein. Schwammige Aussagen führen zu nichts. Sollten Sie selbst nicht als Regisseur arbeiten, so sollten Sie diesem zuliebe und für einen ordentlichen Arbeitsablauf selbstständig agieren. Sich permanent darauf zu verlassen, dass irgendjemand schon irgendwas sagen wird, hilft Ihnen auf Dauer nicht weiter. Nur eigenständig agierende Crewmitglieder sind für einen Regisseur und somit letztlich für das gesamte Projekt Gold wert.

»Arbeiten Sie auch ohne Anweisung des Regisseurs selbstständig.«

Eine kurze Rückfrage über die anstehenden Arbeiten sollte im Regelfall für Sie genügen. Arbeiten Sie auch ohne Anweisung des Regisseurs selbstständig. Ein Regisseur hat nicht permanent alles im Kopf und kann sich sofort um alles gleichzeitig kümmern. Sind Sie zum Beispiel für das Licht verantwortlich, so warten Sie nicht darauf, dass der Regisseur sagt, Sie sollen Licht setzen. Tun Sie es nach eigenständiger kurzer Absprache mit dem Regisseur. Selbiges gilt für den Ton, sowie sonstige Setarbeiten. Regisseure sind in der Regel dankbar mit einer eigenständig denkenden Crew zu arbeiten. Doch auch wenn eine Crew nicht selbstständig arbeitet, dürfen Sie als Regisseur nicht die Nerven verlieren. Ziehen Sie Ihre Arbeit bewusst, bestimmt, aber freundlich durch. Nehmen Sie sich die jeweiligen Teammitglieder zur Seite und erklären Sie freundlich, was Sie stört. Keinesfalls dürfen Sie negative Anmerkungen über ein Crewmitglied vor dem Rest des Teams machen. Dies stört den allgemeinen Frieden und führt zu Grüppchenbildung.

Kamera

Der Beruf des Kameramanns ist ein sehr anspruchsvoller Job. Er stimmt entweder allein oder zusammen mit einem Regisseur sämtliche aufzuzeichnende Bilder ab. Er muss ein gutes Auge haben, nicht nur für das, was er gerade aufzeichnet, sondern auch für das, was drumherum stattfindet. Gerade bei Dreharbeiten, die nicht szenisch, also geplant, sondern dokumentarisch sind, muss er mit einem Auge in den Sucher schauen und mit dem anderen immer auf der Suche nach weiteren interessanten Bildern sein. Ein Kameramann muss schnell umdenken können. Stellt er fest, dass ein Bild schlecht aussieht, so sollte er nicht zu viel Zeit verschwenden, um es halbwegs ansehnlich aussehen zu lassen – er sollte gleich eine andere Einstellungsgröße oder Perspektive wählen, um das optimale Bild zu generieren. Ein Editor kann mit Videoaufnahmen, die permanent verändert worden sind nichts anfangen. Insofern Sie Standbilder filmen, lassen Sie die Finger vom Stativ und geben Sie dem Editor Material, mit dem er schneiden kann. Möchten Sie zoomen oder einen Schwenk ausführen, so üben Sie diesen und zeichnen ihn erst dann auf, wenn Sie sicher sind, dass alles funktioniert. Einem Editor graut es davor, zig Zooms und Schwenks anschauen zu müssen, die allesamt nichts anderes als Übungsaufnahmen waren. Drücken Sie Ihrem Editor zuliebe auch auf Stop. Sie müssen nicht alles und jeden aufnehmen und die Kamera schon gar nicht permanent mitlaufen lassen. Je weniger Material ein Editor schneiden muss, umso besser. Der Editor hat lieber wenig gutes, als viel schlechtes Videomaterial. Der Kameramann muss viele ästhetische und technische Vorgaben beachten. Diese werden im Folgenden näher erläutert.

> »*Der Editor hat lieber wenig gutes,*
> *als viel schlechtes Videomaterial.*«

Technische Aspekte

Das Aufnahmeformat

Der Kameramann muss klären in welchem Format gedreht wird. Dafür muss er entweder die finale Anwendung des Filmes kennen oder Rücksprache mit dem Editor, dem Redakteur oder dem Regisseur halten. Grundsätzlich davon auszugehen, dass im bestmöglichen Format gedreht werden muss ist ein Trugschluss. Wird ein Film von vornherein für das Internet produziert, sollten Sie zweimal darüber nachdenken, ob ein HD Dreh wirklich notwendig ist. Es spart, je nach HD Format, Speicherplatz und vielleicht graue Haare beim Editor, wenn man sich vorher ein paar Gedanken macht.

Folgendes gilt es zu klären:
- *Bildformat:* 4:3 oder 16:9 (Im Kinobereich gibt es noch weitere Formate.).
- *Fernsehnorm:* PAL, NTSC oder SECAM? (Im Kinobereich gibt es andere Formate.).
- *Auflösung:* SD oder HD (Im Kinobereich gibt es noch weitere Formate.).
- *Aufnahmeformat:* DV, DVCAM, DVCPRO50, Beta, DigiBeta, HDV, IMX, DVCPROHD, HDCAM oder ein anderes Format?
- *Finale Anwendung:* Internet, DVD, Blu-ray, Messefilm,…?

Fokus
Der Fokus ist gleichzusetzen mit der Schärfe. Ein Bild sollte immer scharf sein, es sei denn es ist gewollt unscharf. Das Objekt, welches im Bild die meiste Relevanz hat, muss grundsätzlich scharf sein. Bewegt sich ein Objekt aus der Schärfe heraus und passt dies nicht zur Geschichte, so muss die Geschichte entweder umgeschrieben werden oder die Schärfe muss während der Aufnahme nachgezogen werden. Als Alternative sollte eine andere Art der Aufnahme gewählt werden. Nur weil ein Schwenk besonders schön aussieht ist noch lange nicht gerechtfertigt, dass das Hauptobjekt plötzlich nicht mehr scharf ist. Alles jedoch unter der Devise: „Es sei denn, es ist gewollt."

Doch Sie können sich diesen Effekt auch zu Nutze machen. Ein beliebtes Beispiel dafür ist eine Schärfeverlagerung. Ein Bild, welches aus mehreren Ebenen (Hintergrund und Vordergrund) besteht, kann ansehnlicher gestaltet werden, wenn mit Schärfe und Unschärfe gearbeitet wird. Eine Schärfeverlagerung verlagert dabei die Schärfe vom Hintergrund auf zum Beispiel den Vordergrund. Doch Vorsicht vor Verwacklungen. Sind Sie noch nicht geübt in der Schärfeverlagerung, so sollten Sie eine Hinterkamerabedienung nutzen. Diese können Sie komplett von der Kamera entkoppeln, um damit eine saubere Schärfeverlagerung zu erzeugen.

Schärfe wird gezogen, indem Sie ganz nah an das Objekt heran zoomen (so telig wie möglich) und das Objekt scharf stellen. Dabei müssen Sie so weit wie nur möglich zoomen. Unnötig ist es nur ein bisschen näher zu zoomen und dann scharf zu stellen. Zoomen Sie nun zurück in einer Weitwinkeleinstellung, so muss das Objekt durchweg scharf bleiben. Ist dies nicht der Fall, dann stimmt etwas mit dem Auflagemaß des Objektivs nicht (näheres dazu später). Nur durch diese Art Schärfe zu ziehen, können Sie gewährleisten, dass ein Objekt während einer Aufnahme konstant scharf bleibt, egal ob Sie zoomen oder schwenken.

1. Kamera und Objekt müssen an ihrem Ausgangspunkt positioniert sein.
2. Die Kamera zoomt so telig (nah) es geht an das Objekt.
3. Das Objekt wird scharf gestellt.
4. Nun kann die finale Einstellungsgröße eingestellt werden.

Eine Änderung der Schärfenverhältnisse muss für den Zuschauer immer nachvollziehbar sein. Eine Schärfeverlagerung von einer Hintergrund- zu einer Vordergrundebene sollte den Blick auf etwas Neues freigeben. Hat die plötzliche Änderung der Schärfe keinen nachvollziehbaren Nutzen, so ist sie wahrscheinlich auf den Fehler des Kameramannes zurückzuführen.

Die Nützlichkeit des Autofokus ist leider ein Trugschluss, denn er führt oft dazu, dass Aufzieher, Zoom-Ins oder Schwenks unbrauchbar werden. Der automatische Fokus der Kamera kann nicht abschätzen, was innerhalb des Bildes wirklich scharf sein soll. Er bezieht seine Schärfeinformation auf vorher definierte Bereiche, die er scharf stellt. Wenn dieser Bereich nicht dem entspricht, was der Kameramann möchte, so kommt es zu Problemen.

Gerade bei Kamerabewegungen ändern sich diese Bereiche und es kommt sehr oft zum sogenannten „Pumpen". D. h. das Bild wechselt Schärfe und Unschärfe ab, da die Kamera ständig versucht nachzuregeln. Dieses Pumpen ist für den Editor nicht mehr kompensierbar – die Aufnahme wird unbrauchbar.

Der Autofokus kann unter anderem benutzt werden bei Aufnahmen, die keine großen Bildbewegungen beinhalten – weder seitens der Kamera noch des Inhalts. Ein guter Kameramann nutzt so oft es geht den manuellen Fokus.

> »*Ein guter Kameramann nutzt so oft es geht den manuellen Fokus.*«

Auflagemaß
Das Auflagemaß ist relevant für die durchgängige Schärfe während eines Zooms. Das Auflagemaß ist nur einzustellen bei Kameras mit Wechselobjektiven. Nach jedem Objektivwechsel muss es neu justiert werden. Auch dann, wenn Sie nach ordentlicher Scharfstellung eines Objektes keine gleichbleibende Schärfe über die gesamte Zoombewegung erzielen kann. Auch sollte das Auflagemaß überprüft werden, wenn eine Kamera lange Zeit nicht benutzt wurde.

Zum Justieren des Auflagemaßes wird ein Siemensstern oder ein anderes fein strukturiertes Muster genutzt. Zoomen Sie so telig, wie es das Objektiv zulässt heran und stellen Sie den Siemensstern oder das Muster scharf. Danach zoomen Sie komplett in den Weitwinkelbereich und stellen das Objekt mit dem Auflagemaß scharf. Danach zoomt man komplett in den Weitwinkelbereich auf und stellt das Objekt mit dem Auflagemaß scharf. Dieses Prozedere wird mehrfach wiederholt bis die Schärfe durchgängig gleich bleibt. Danach stellen Sie das Auflagemaß fest.

Weißabgleich und Schwarzabgleich
Während das menschliche Auge aufgrund von Erfahrung zwischen unterschiedlichen Lichttemperaturen unterscheiden kann, kann eine Kamera dies nicht. Für einen Menschen sieht Weiß immer weiß aus, egal ob in der prallen Sonne oder im Kerzenschein. Sein Gehirn weiß wie die Farben aussehen müssen und suggeriert eine weiße Fläche, obwohl die Farbtemperatur der Lampen dies nicht bestätigt. Einer Kamera muss „gezeigt" werden, wie „Weiß" aussieht. Hierzu zoomen Sie auf eine Fläche, die weiß ist. Es bietet sich an, ein Blatt Papier genau in das Licht zu halten, welches das Objekt ausleuchtet. Mindestens 80% der Fläche im Bild müssen weiß sein. Um das Bild nicht zu überstrahlen, muss die Blendenautomatik eingestellt sein. Nach dem Drücken des Weißabgleichknopfes prüft die Kamera das Weiß und stellt die Farbtemperatur entsprechend ein. Von nun an wird das Bild mit den richtigen Farbwerten aufgezeichnet. Mittlerweile können Sie Fehler im Weißabgleich problemlos in der Postproduktion lösen. Unangenehm wird dieser Anfängerfehler nur, wenn man für eine fremde Firma arbeitet und dieser das entsprechende Material zur Verfügung stellt. Ein sauberes Weiß wird dabei erwartet.

Der Schwarzabgleich funktioniert ähnlich wie der Weißabgleich. Er wird nur weit seltener benötigt. Beim Schwarzabgleich wird der Kamera gezeigt, wie Schwarz aussieht. Da der Schwarzabgleich maßgeblich für Kameras mit Wechselobjektiven relevant ist, gibt es auch nur bei solchen einen Schwarzabgleichschalter.

Ein solcher Abgleich wird durchgeführt, sobald ein Objektiv gewechselt wurde oder sobald eine Kamera über einen längeren Zeitraum nicht genutzt wurde. Durch das Drücken des Schwarzabgleichknopfes wird die Blende automatisch komplett geschlossen. Die Chips der Kamera empfangen kein Licht wodurch auf den Chips reines Schwarz definiert wird.

Blende und Zebra
Die Blendeneinstellung gibt an, wie weit sich die Blende öffnet, um Licht auf den Aufnahmechip fallen zu lassen. Je offener die Blende ist, desto mehr Licht fällt auf den Chip und desto heller wird das Bild. Dies ist interessant, wenn Sie im Dunkeln drehen. Drehen Sie im Hellen, so müssen Sie die Blende schließen, um kein mit Weiß oder hellem Licht überstrahltes Bild zu erhalten.

Sie können die Blende per Augenmaß einstellen oder Sie nutzen hierfür die Zebrafunktion. Das Zebra ist bei vielen Kameras variabel einstellbar. Zwei Standardstufen haben sich jedoch in Mitteleuropa bewährt: 70er oder 75er Zebra, sowie 100er Zebra. Das 70er oder 75er Zebra nutzen Sie für die Aufnahme von Menschen mit heller Haut. Spielt in einer Einstellung in irgendeiner Weise eine Person oder auch nur ein Körperteil einer Person eine Rolle, so sollte die richtige Blende mit einem 70er oder 75er Zebra eingestellt werden. Gibt es keine Person im Bild, sondern nur Objekte, so wird ein 100er Zebra für die korrekte Blendeneinstellung verwendet.

Das Zebra ist ein Streifenmuster im Bildschirm der Kamera. Es wird nicht mit aufgezeichnet, sondern zeigt lediglich an wie hell ein Bereich im Bild ist. Nutzen Sie das 70er oder 75er Zebra für die menschliche Haut, so ist die Blende dann richtig eingestellt, wenn das Streifenmuster leicht in der Haut zu sehen ist. Nicht die ganze Haut sollte bedeckt sein, sondern es sollten nur hier und da ein paar Streifen sichtbar sein.

Nutzen Sie für helle Bilder ohne Menschen das 100er Zebra, so gilt dasselbe. Suchen Sie sich die hellste Fläche im Bild. Die Blende wird nun so eingestellt, dass das Streifenmuster leicht in dieser hellen Fläche zu sehen ist. Führt das dazu, dass das eigentlich zu filmende Objekt viel zu dunkel dargestellt wird, gibt es zwei Optionen. Entweder wird das Objekt besser ausgeleuchtet, oder Sie akzeptieren starke Überstrahlungen im Bild.

Beim Einstellen der Blende nach Augenmaß ist immer zu beachten, dass die Sucherbildschirme von Kameras normalerweise sehr ungenau sind, was die Wiedergabe von Helligkeit angeht. Ein geeichter Vorschaumonitor, der über das bestmögliche Signal der Kamera gespeist wird (also nicht FBAS oder S-Video, sondern am besten Komponente oder SDI), ist am besten geeignet, um die Blende exakt einzustellen. Sind Sie sich nicht hundertprozentig sicher, ob Sie die Blende richtig einstellen, so nutzen Sie das Zebra. Einen besseren Weg gibt es nicht.

»Sind Sie sich nicht hundertprozentig sicher,
ob Sie die Blende richtig einstellen, so nutzen Sie das Zebra.«

Shutter

Der Shutter wird benötigt, um unterschiedliche Flimmerfrequenzen zu kompensieren. Die Blende einer PAL-Kamera öffnet und schließt sich aufgrund des PAL-Formats 50x pro Sekunde. Sie arbeitet also mit 50 Hz. Ein Computermonitor kann nun aber auf 75 Hz eingestellt sein. Neonlampen leuchten teilweise mit mehr als 50 Hz. Dies muss durch den Shutter kompensiert werden. Besonders fein einstellbare Shutterwerte werden bei verschiedenen Kameras unterschiedlich bezeichnet. So sind zum Beispiel die Begriffe Clear Scan oder Synchro Scan im Umlauf.

Es ist unabdingbar, dass bei Computerbildschirmen der Shutter auf dieselbe Frequenz eingestellt wird, die der Monitor hat. Auch bei Neonröhren müssen Sie sich das Bild ganz genau ansehen, um ein Flimmern zu vermeiden. Oftmals sehen Sie gerade bei Neonröhren dieses leichte Flimmern und Flackern nicht im Vorschaudisplay der Kamera. Aus diesem Grund empfiehlt es sich immer, einen externen Kontrollmonitor zu nutzen.

Dreharbeiten mit einer PAL- Kamera im Ausland können zu Problemen führen. In den USA läuft das Stromnetz nicht mit 50, sondern mit 60 Hz. Auch Glühlampen am Stromnetz werden also mit 60 Hz gespeist. Das Bild flackert, wenn Sie den Shutter in diesen Situationen nicht richtig einstellen. Auch hier gilt, dass dies auf dem LCD Monitor der Kamera nicht grundsätzlich ersichtlich ist.

Mit dem Shutter können Sie jedoch auch andere Effekte erzielen. Ist es in der Umgebung, in der gedreht wird, zu hell und reicht auch der ND-Filter nicht aus, um die gewünschte Blende einzustellen, so können Sie den Shutter nutzen, um das Bild noch dunkler zu gestalten.

ND-Filter

Der ND-Filter wird eingesetzt, wenn es draußen zu hell ist und die Blende trotzdem noch weiter geschlossen werden müsste. Rein mechanisch gesehen ist ein ND-Filter nichts weiter als ein Graufilter, der weniger Licht auf den Chip fallen lässt ohne dabei die Farbe zu beeinflussen. Den ND-Filter gibt es in den Stufen $1/8$ und $1/64$. Je nach Kameratyp gibt es verschiedene Zwischenstufen und je kleiner die Zahl, desto stärker ist der ND- Filter und desto weiter kann die Blende geöffnet werden.

ND-Filter lassen sich auch anwenden, wenn eine Tiefenunschärfe gewünscht ist. Diese erreichen Sie (unter anderem) mit möglichst weit geöffneter Blende. Drehen Sie in einer sehr hellen Umgebung bei zum Beispiel einer 5.6er Blende, so können Sie einen 1/8 ND-Filter einschalten und so die Blende weiter öffnen, auf zum Beispiel eine 2.8er Blende. Mit einem $1/64$ ND-Filter kann die Blende unter Umständen ganz geöffnet werden. So erreichen Sie eine größere Unschärfe im Hintergrund.

Blende, ND-Filter, Shutter und Tiefenschärfe

Das Zusammenspiel dieser drei Komponenten können Sie nutzen, um sehr gute Tiefenunschärfen zu generieren. Ein durchgängig scharfes Bild entspricht nicht den menschlichen Sehgewohnheiten. Auch Sie sind in diesem Moment auf den Text in diesem Buch konzentriert. Ihre Augen fokussieren auf das Buch und alles um Sie herum ist unscharf. Solch ein Bild zu gestalten ist kein Meisterwerk. Sie müssen nur wissen wie es funktioniert.

Es gibt mehrere Optionen, um Tiefenunschärfe zu generieren. Eine Option ist, dass Sie ein Objekt möglichst weit vom Hintergrund entfernt platzieren. Steht eine Person vor einem Baum und möchten Sie, dass der Baum unscharf wird, während die Person scharf wird, so stellen Sie sie nicht direkt davor, sondern lassen Sie genügend Abstand.

> *» Es gibt mehrere Optionen,*
> *um Tiefenunschärfe zu generieren.«*

Mit der Kamera entfernen Sie sich auch möglichst weit von der Person, stellen Sie scharf und zoomen sie anschließend so heran, wie es für die Einstellung benötigt wird. Je größer die Brennweite, also der Abstand der Linsen zueinander, desto eher erreichen Sie einen Tiefenunschärfeeffekt. Eine geringe Unschärfe sollten Sie dadurch also schon erreicht haben.

Sie können diesen Effekt ausbauen, indem Sie es schaffen die Blende so weit wie möglich zu öffnen. Je offener die Blende ist, umso geringer ist der Schärfebereich im Bild und desto eher erzielen Sie die gewollte Tiefenunschärfe. Lässt es das Umgebungslicht nicht zu, dass Sie die Blende weit öffnen, so müssen Sie sich mit dem ND-Filter behelfen. Ist dieser eingeschaltet, können Sie die Blende in der Regel noch weiter öffnen. Reicht auch der ND-Filter nicht aus, so kommt der Shutter zum Einsatz. Schalten Sie so lange ND-Filter und Shutter hinzu, bis Sie die gewünschte Unschärfe erzielt haben. Nun ist es möglich, dass sich dadurch Ihr Bild stark verdunkelt und auch eine komplett offene Blende nicht ausreicht, um ein ordentliches und sauberes Bild aufzuzeichnen. An dieser Stelle müssen Sie mit Licht nachhelfen. Leuchten Sie also das Objekt, um das es geht, aus – in diesem Falle wäre das die Person oder der Baum.

Die Optik reinigen

Schnell mal alles aufbauen, die technischen Aspekte überprüfen, alles für gut befunden und los drehen. Stopp! Was im Sucher oder auf den Vorschauscreens der Kamera meist nicht zu sehen ist, ist ob die Linse wirklich sauber ist. Gerade wenn Sie telig auf einem Objekt sind, fallen Schmutzflecke auf der Linse nicht auf. Erst beim aufzoomen (je weitwinkliger also gedreht wird) werden Dreckflecke sichtbar. Ist jedoch der Editor der Erste, der sieht, dass die Linse schmutzig war, so ist es zu spät. Er kann im Normalfall nichts mehr tun oder nur mit einem immens großen Aufwand die schmutzigen Stellen retuschieren. Also vor jedem Dreh und nach jedem Wechsel des Settings ist die Linse zu überprüfen und gegebenenfalls mit einem Linsenreinigungstuch, einem Pinsel oder einem Blasebalg zu säubern.

> *»Fusseln und Staubkörner sind oftmals widerspenstig,*
> *doch sie müssen unbedingt entfernt werden.«*

Dies gilt auch, wenn Filter oder Adapter vor der Linse gewechselt werden. Jeder Filter und jeder Weitwinkeladapter usw., muss separat gereinigt werden. Fusseln und Staubkörner sind oftmals widerspenstig, doch sie müssen unbedingt entfernt werden.

Sucher und Kameramonitore

Generell sollten Sie sich nicht auf den LCD Monitor an der Kamera oder auf den Sucher verlassen. Dies mag pauschalisiert klingen. Wer jedoch mit einer Kamera filmt, bei der Sucher, Kameramonitor und final aufgenommenes Bild nicht aufeinander abgestimmt sind, der wird schnell feststellen, dass eine Aufnahme, die im Sucher super aussah, durchaus zu hell oder zu dunkel aufgenommen worden sein kann.

Aus diesem Grund sollte vor jeder Benutzung einer neuen Kamera der Sucher überprüft werden. Ein klassisches Problem ist, dass vor Ihnen jemand mit einer Brille gefilmt hat. Ein Sucher lässt sich ohne Brille besser nutzen, also wurde der Dioptrienwert am Sucher so eingestellt, dass der Brillenträger auch ohne seine Sehhilfe alles richtig sieht. Dies führt jedoch dazu, dass Personen ohne Brille Bilder im Nachhinein anders scharf stellen. Normalerweise bieten alle Sucher die Möglichkeit den Dioptrienwert zu verändern. Um falsche Schärfe zu vermeiden, geben Sie einen Farbbalken auf den Sucher und schauen Sie durch. Ist alles scharf eingestellt, dann sind keine Dioptrien eingestellt. Sollte der Farbbalken unscharf sein, so stellen Sie am Dioptrienregler alles scharf. Statt eines Farbbalkens reicht es auch, die Einblendungen im Sucher zu beachten. Dazu zählen der Timecode, die Bandlaufzeit etc. Auch die sind scharf, wenn der Dioptrienwert richtig eingestellt ist.

»Generell sollten Sie sich nicht auf den LCD Monitor
an der Kamera oder auf den Sucher verlassen.«

Ebenso können Sie mit einem Farbbalken die Monitorhelligkeit einstellen. Wenn Sie nicht wissen, ob Helligkeit, Farbe und Kontrast im Kameramonitor richtig eingestellt sind, dann geben Sie einen Farbbalken darauf. Stellen Sie Helligkeit, Farbe und Kontrast auf Null. Heben Sie den Helligkeitswert so lange an, bis Weiß für Sie wirklich wie Weiß aussieht. Heben Sie anschließend den Kontrast so lange an, bis sich der blaue und der schwarze Balken voneinander abheben. Schlussendlich heben Sie die Farbe an, bis der grüne und magentafarbene Balken nicht mehr ineinander streuen.

Dies ist lediglich ein Behelf für den Fall, dass Sie nicht über professionelle Einstellmöglichkeiten verfügen. In der Regel sollten Sie die exakte Bearbeitung in punkto Farbgebung und Kontrast jedoch dem Editor überlassen. Dieser hat mächtigere Werkzeuge, um schlussendlich das Bild zu erreichen, welches für den jeweiligen Film benötigt wird. Dies soll Sie jedoch nicht aus der Verantwortung nehmen, sich selbst um ein optimales Bild zu kümmern.

Wenn Sie auf Nummer Sicher gehen wollen, dann ziehen Sie die Schärfe nicht nach Augenmaß sondern mit den Hilfsmitteln Ihrer Kamera. Viele Kameras bieten dafür Sonderfunktionen, die zum Beispiel scharfe Bereiche im Bild farbig hervorheben. So wissen Sie was tatsächlich scharf ist.

Die Blende sollten Sie nicht nach Augenmaß, sondern mit der Zebra Funktion der Kamera einstellen. Dies wurde in den vorherigen Kapiteln bereits ausgiebig erläutert.

Ein ganz anderer Punkt, der bei der Arbeit mit Kameramonitoren zu beachten ist, ist der Overscan/Underscan. Entweder zeigt Ihr Kameramonitor exakt das Bild an, welches aufgenommen wird oder aber er schneidet es ab. Technisch bedingt ist es so, dass Fernsehgeräte und Beamer immer einen Teil des Bildes abschneiden (dafür gibt es im Schnitt die sogenannten Safe-Areas). Sie müssen nun wissen, ob Ihr Kameramonitor das Bild ebenfalls beschneidet oder nicht. Je nachdem, was er macht, müssen Sie die Bildeinstellung anpassen. Am besten überprüfen Sie dies, indem Sie das Bild auf Ihrem Kameramonitor mit dem vergleichen, was Sie auf einem Beamer oder Fernseher ausgeben. Sehen Sie exakt das selbe Bild, so können Sie davon ausgehen, dass Ihr Kameramonitor das Bild beschneidet. Überprüfen Sie es dann auf einem Computer. Einige wenige Kameras bieten eine Funktion an, die den LCD Monitor wahlweise zwischen abgeschnittenem und nicht beschnittenem Bild umschalten.

Spiegelungen

Dass sich Scheinwerfer spiegeln können, wurde beim Thema Licht erklärt. Natürlich sollten sie sich nicht spiegeln. Doch auch der Kameramann, die Crew oder die Technik kann sich ungewollt irgendwo im Bild wieder finden. Der Kameramann, sowie der Regisseur müssen also permanent überprüfen, ob es irgendwo im Bild zu einer Spiegelung kommt. Dann hilft entweder eine andere Beleuchtung, die Kamera zu verstellen oder aber ein Polfilter. Dieser wird vor das Objektiv geschraubt. Er besteht aus zwei zueinander verdrehten polarisierenden Gläsern. Drehen Sie den Filter nun, so lassen sich ungewollte Spiegelungen aus Autoscheiben oder von der Wasseroberfläche, z. B., entfernen. Doch Vorsicht: Der Polfilter ist kein Allheilmittel und nimmt noch dazu eine Blendenstufe. Sobald also ein Polfilter verwendet wird, muss die Blende um eine Stufe weiter geöffnet werden, um denselben Lichteinfall auf dem Aufnahmechip zu gewährleisten.

»Der Polfilter ist kein Allheilmittel.«

Kamerabewegungen

Für einen interessanten Videobeitrag ist eine bewegte Kamera immer von Vorteil. Natürlich sollte auch das nicht übertrieben werden. Eine Kamerabewegung ist nur dann anzuwenden, wenn sie für den finalen Film tatsächlich Sinn ergibt. Einfach alles Mögliche zu bewegen, nur „weil man es kann", ist mitnichten der richtige Weg. Auch muss bei jeder Bewegung an den Schnitt gedacht werden. Der Editor muss in der Lage sein mit dem gedrehten Material auch etwas zu schneiden. Bekommt er permanent Aufzieher oder Schwenks geliefert, so kann er in den seltensten Fällen Hardcuts setzen, sondern muss mit Blenden arbeiten. Dies wiederum zerstört einen fließenden und ansehnlichen Filmablauf für den Zuschauer.

Eine Kamerabewegung muss dem Zuschauer immer eine neue Information vermitteln. Ein Aufzieher, der keine neue Bildinformation bringt, ist überflüssig. Auch ein Schwenk, der nichts Neues erzählt, sollte vermieden werden, solange er nicht zu einer grundsätzlichen Dynamik des fertigen Filmes beiträgt. Sie müssen sich also immer im Klaren sein, dass Sie dem Zuschauer zu Beginn der Bewegung eine Information vermitteln möchten und ihn durch die Bewegung zu einer neuen Information führen wollen. Ein Schwenk in einem Raum, in dem der Zuschauer von vornherein schon alles sieht, was er auch nach dem Schwenk sieht, ist überflüssig. Viel mehr Sinn würde zum Beispiel der Aufzieher von einem Stuhl, der im Raum steht, auf den gesamten Raum machen.

Was ebenfalls im Bereich der Kamerabewegung eine wichtige Rolle spielt, sind Handkameras. Die grundsätzliche Frage muss lauten:

Ist eine wackelige Kamera gewollt und einträglich für die Aufnahme, das Konzept oder das Produkt oder war nur jemand zu faul das Stativ auszupacken?

*»Eine Handkamera anzuwenden
muss einen triftigen Grund haben.«*

Eine Handkamera anzuwenden muss einen triftigen Grund haben. Dieser kann sein, Verwirrtheit intensiv auszudrücken. Schnelle und unüberschaubare Abläufe können durch eine wackelnde Kamera verstärkt werden. Bei großen Menschenmengen kann eine bewegte Kamera ein Feier-, Party-, Wir-Gefühl unterstützen. Ansonsten ist eine wackelnde Kamera jedoch schlicht und ergreifend auf die bloße Faulheit des Kameramannes zurückzuführen und somit nicht akzeptabel. Kommt es beim Schnitt eines Filmes zum

Beispiel zum Wechsel zwischen Bildern, die mit Stativ aufgenommenen wurden und wackelnden Handkamerabildern, so muss sich der Zuschauer fragen, wieso das so ist? Warum wurde nicht der gesamte Film aus der Hand gefilmt oder warum nicht alles vom Stativ? Seien Sie nicht faul – nutzen Sie ein Stativ, wenn es nötig ist eins zu nutzen.

> »Seien Sie nicht faul – nutzen Sie ein Stativ,
> wenn es nötig ist eins zu nutzen.«

Der Schwenk ist die einfachste Bewegung der Kamera. Er kann horizontal oder vertikal erfolgen. Jeder Schwenk sollte, bevor er aufgezeichnet wird, geprobt werden. Lieber einmal zu viel proben, als unnötigerweise misslungene Schwenks aufzuzeichnen. Ein Schwenk muss sauber sein. Das heißt er darf nicht ruckeln. Es darf weder am Anfang, noch am Ende des Schwenks, zu einem Ruckeln kommen. Wenn es zum Ruckeln kommt, so ist häufig die Dämpfung des Stativs falsch eingestellt. An guten Stativen lassen sich Dämpfungen für horizontale und vertikale Bewegung einstellen. Diese Dämpfung ist von Kameramann zu Kameramann verschieden, da jeder mit anderem Druck auf das Stativ einwirkt. Finden Sie Ihre Dämpfung, um saubere und ruckelfreie Schwenks zu generieren. Der Schwenk sollte permanent dieselbe Geschwindigkeit beibehalten, es sei denn es gibt einen Grund dafür, dass die Geschwindigkeit variiert. Die Verfolgung eines Autos beim Autorennen kann ein Grund sein, wieso ein Schwenk nicht gleichmäßig erfolgen muss.

> »An guten Stativen lassen sich Dämpfungen für
> horizontale und vertikale Bewegung einstellen.«

Ein Zoom ist eigentlich keine Kamerabewegung. Er eröffnet jedoch im Normalfall eine neue Bildinformation und wird auch gern zusammen mit einem Schwenk angewendet. Ein Zoom in den Telebereich bedeutet, auf etwas heran zu fahren – ein Objekt wird also groß in das Bild genommen, ohne dass dabei die Kameraposition geändert wird. Ein Zoom in den Weitwinkelbereich wird gemeinhin als Aufzieher bezeichnet. Wird ein Zoom zusammen mit einem Schwenk ausgeführt, so müssen beide Bewegungen zur selben Zeit beginnen und aufhören. Ist der Schwenk fertig und es wird noch immer gezoomt, so erscheint die Aufnahme unweigerlich als fehlerhaft.

Der Zuschauer sieht am Ende weder einen Zoom noch einen Schwenk, sondern bemerkt lediglich, dass sich ihm vom Anfang bis zum Ende immer mehr Informationen eröffnet haben. Erkennt er am Ende plötzlich, dass Zoom und Schwenk nicht gleichzeitig fertig sind, so wird er den technischen Aspekt hinter dem Bild bemerken und weniger Aufmerksamkeit auf den inhaltlichen Aspekt richten.

Es gibt keinen Grund dafür, dass ein Schwenk auf ein neues Objekt oder ein neues Setting fertig ist, der Zoom aber noch immer aktiv ist. Andersherum verhält es sich genauso. Es gibt keinen Grund dafür, dass ein Zoom fertig ausgeführt ist, der Schwenk aber noch nicht. Gleichzeitiges Schwenken und Zoomen bedarf einer gehörigen Portion Erfahrung. Auch ein gutes Stativ ist dabei besonders wichtig. Hier spielt wieder die Dämpfung eine wesentliche Rolle.

>»Gleichzeitiges Schwenken und Zoomen
bedarf einer gehörigen Portion Erfahrung.«

Eine weitere Möglichkeit der Kamerabewegung ist eine Kamerafahrt oder ein Kameragang. Dies geschieht meist mit Hilfsmitteln wie einem Steadystick, einem einfachen oder auch einem komplexen Schwebesystem. Die Steadycam wird oft als Synonym für westengestützte Schwebesysteme genannt, obwohl es von vielen Herstellern andere ähnliche Systeme gibt. Die Arbeit mit solchem Zusatzequipment, welches benötigt wird, um mit der Kamera zu gehen oder zu laufen, muss geübt werden. Steadycam-Operator üben besonders hohe Belastungen auf ihren Körper aus und unterliegen strengen Richtlinien bezüglich der Pausenregelung. Einfache Schwebesysteme sind oftmals nicht so sauber wie ein westengestütztes System. Versuchen Sie in erster Linie den Horizont gerade zu halten. Bei westengestützten Systemen haben Sie, wie bei einem guten Stativ, eine Libelle, die Ihnen hilft die Kamera ins Wasser, also in Waage zu bringen. Das ausgeklügelte Armsystem von Schwebesystemen bedarf jedoch exakter Abstimmung auf den Anwender. Eine Kamera wie auf einem Stativ in Waage zu bringen, ist also mehr als schwierig. Haben Sie dies geschafft, müssen Sie üben zu laufen, ohne dass sich die Kamera dabei ständig in alle Richtungen dreht und schaukelt. Jedes System arbeitet hier anders. Hier hilft nichts anderes als Übung, Übung und nochmals Übung.

>»Es ist in jedem Fall lohnenswert
eine Dollyaufnahme mit drei Personen zu realisieren.«

Die Fahrt mit einem Dolly zählt zu den schienengeführten Kamerabewegungen, wobei es auch Dollys gibt, die auf Rollen basieren. Es gibt Schienensysteme, bei denen der Kameramann zusammen mit seiner Kamera auf einer Plattform sitzen kann und geschoben wird. Andere Systeme erlauben es nicht, dass der Kameramann mit auf der Plattform sitzt. Es ist in jedem Fall lohnenswert eine Dollyaufnahme mit drei Personen zu realisieren. Eine Person bewegt den Dolly und versucht die Geschwindigkeit dem Konzept entsprechend anzupassen. Der Kameramann überprüft während der gesamten Fahrt die Aufnahme und ein Regisseur schaut sich das Bild auf einem externen Monitor an. Nur dort sind dann Wackeln und ungleichmäßiges Fahren auch direkt erkennbar. Günstige

Dollys arbeiten oft mit zusammensteckbaren Schienen. An den zusammengesteckten Übergängen kann es zu ungewolltem Ruckeln kommen. Das muss bedacht werden. Beachten Sie: Je hochwertiger die Aufnahme werden soll, desto eher muss auch auf einen hochwertigen Dolly zurückgegriffen werden. Rein rollenbetriebene Dollys empfehlen sich nur bedingt. Sie setzen einen ebenen Boden voraus, der bei einem Schienendolly durch Aufbocken der Schienen künstlich geschaffen werden kann. Sobald der Boden nicht hundertprozentig gerade ist, lassen sich mit einem rein rollenbasierten Dolly keine guten Aufnahmen realisieren.

Anschlussfehler

Spätestens im Schnitt wird deutlich wie gut im Vorfeld gearbeitet wurde. Leider ist es dann oftmals zu spät. Ohne teuren Nachdreh oder Konzeptumstellung ist meist nichts mehr zu retten, wenn ein Anschlussfehler passiert ist. In einigen Filmen als „Goof" sehr beliebt, können Anschlussfehler bei Industriefilmen zu argen Problemen führen.

Bolzen, die sich plötzlich nicht mehr drehen, eine Winde, die in die andere Richtung läuft, eine Last, die aufgrund eines Achsensprungs plötzlich in die falsche Richtung zeigt etc. Anschlussfehler sind oftmals kleine Fehler, die beim Dreh übersehen werden. Halbvolle Wassergläser, falsch liegende Kugelschreiber, plötzlich anders aufgeklappte Bücher, ... Abhilfe kann hier nur ein „Scriptgirl" (auch Continuity genannt) schaffen. Es ist dafür verantwortlich, dass Szenen zu unterschiedlichen Zeiten gedreht werden können und dennoch keine Probleme entstehen. Die Continuity schreibt sich bis ins kleinste Detail alle auf, was von Einstellung A zu Einstellung B zu beachten ist. Weder ein Regisseur, noch ein Kameramann können sich während des Drehs darauf konzentrieren. Es ist also bei größeren Dreharbeiten immer ratsam eine Continuity dabei zu haben. Ob nun männlich oder weiblich ist nicht relevant.

Als Alternative zum Scriptgirl verzichten Sie auf umständliche Dekoration oder auch Handlungen, die eigentlich nicht nötig sind, allerdings genau solche Anschlussfehler produzieren können. In der Konsequenz kann sich der Verzicht auf solche „Kleinigkeiten" jedoch auch negativ auf den Gesamteindruck auswirken. Wenn Sie sich in diesem Moment einfach einmal umschauen, dann sehen Sie sicherlich viele kleine Dinge in Ihrem Raum, die positiv zum Gesamtbild und zum Gesamteindruck beitragen. Alles was Sie nun wegräumen würden, würde dieses Bild zerstören und den Raum sicherlich irgendwann künstlich aussehen lassen. Genauso verhält es sich auch mit dekorativen Elementen in einem Bild.

Bildaufbau

Der Bildaufbau gehört zu den entscheidenden Faktoren eines in sich schlüssigen und „guten" Filmes. Im Bild sollte nie zuviel ungenutzter Raum sein, es sei denn es gibt einen guten Grund dafür. Der Zuschauer wird durch ein gutes Bild geführt und darf nicht mit unnützen Informationen überlastet werden. Ist eine Person im Bild zu sehen und spielt diese Person die Hauptrolle, zumindest in der aktuellen Einstellung, dann sollte über der Person nicht unnötiger Headroom zu sehen sein. Gibt es keinen Grund dafür, dass über dem Kopf noch das halbe Bild mit bloßem Himmel gefüllt ist, so ist dies zu vermeiden. Das Bild sollte in Handlungsrichtung offen sein. Alles was sich dahinter abspielt ist im Normalfall völlig unwichtig. Ist eine Person bei einem Interview zu sehen und schaut sie dabei den Reporter nach links heraus aus dem Bild an, so darf die Person nicht an die linke Bildhälfte gepresst sein.

Viele Anordnungen von Objekten innerhalb eines Bildes ergeben sich aufgrund des natürlichen Harmonieempfindens des Menschen. Der Goldene Schnitt ist hierfür ein interessantes Mittel. Er nimmt eine Dreiteilung des Bildes vor, wobei sich die wichtigen Inhalte immer in einem Drittel abspielen. Ein Objekt oder eine Person sollte also, wenn möglich, nicht in die Mitte des Bildes gesetzt werden, sondern gemäß Goldenem Schnitt etwas weiter links, rechts, oben oder unten.

Eine weitere Möglichkeit, Objekte in einem Bild anzuordnen, ist die Symmetrie.
Sie besagt, wie im täglichen Leben, das zwei oder mehr Objekte, die miteinander in Beziehung stehen, symmetrisch angeordnet werden sollten.

In einem Bild gibt es Vektoren, die den Zuschauer führen. Zu ihnen gehören Bewegungsvektoren (in welche Richtung bewegt sich ein Objekt?), grafische Vektoren (in welche Richtung zeigen die Linien in einem Bild?) und Blickrichtungsvektoren (in welcher Richtung spielt sich die Handlung ab?). Diese Vektoren bestimmen ebenfalls wohin der Zuschauer geführt wird. Es ist also unabdingbar, sich darüber im Klaren zu sein, dass eine falsche Linienführung in einem Bild auch einen falschen Eindruck erwecken kann. Zeigen mehrere leblose Objekte auf etwas, da die Perspektive so gewählt ist, so wird der Blick des Zuschauers immer dorthin gelenkt. Die Linien der Objekte geben dem Zuschauer also zu verstehen, dass das, worauf gezeigt wird, wichtig ist.

Das Thema Linien kommt auch beim Horizont zum Tragen. Ist es nicht gewollt, dass der Horizont schräg ist, so gibt es keinen Grund, dass er nicht exakt gerade ist. Ein Stativ verfügt über eine Libelle, also eine kleine Wasserwaage. Richtet man den Stativkopf gemäß Wasserwaage aus, kann der Horizont nie schräg sein. Ein leicht schräger Horizont ist inakzeptabel, da hier kein professioneller Kameramann am Werk war, sondern jemand, der sein Handwerk nicht versteht.

Welchen Grund gibt es, ein Objekt zu beschneiden? Liegt tatsächlich einer vor, so können Sie dies tun. Liegt jedoch kein Grund vor, sollten Sie sich immer diese Frage stellen. Oft werden Menschen in sehr nahen Einstellungen an Kopfober- und Unterseite beschnitten. Dies ist akzeptabel, wenn es sich um einen richtigen Beschnitt handelt. Einfach den Haaransatz abschneiden macht keinen Sinn. Wenn, dann sollte die Person an der Stirn abgeschnitten werden. Wie auch im wahren Leben sind die Augen das Wichtigste Merkmal im Gesicht eines Menschen. Unterhalten Sie sich mit jemandem, so sollten Sie ihm in die Augen schauen. Alles, was über den Augen ist, ist also weniger wichtig. Aus diesem Grund darf ruhig mehr abgeschnitten sein, als nur der Haaransatz. Der Unterschied zu der Einstellungsgröße Nah (in der nur noch der obere Brustansatz samt Kopf zu sehen ist) ist verschwindend gering, wenn Sie nur den Haaransatz abschneiden. Also lautet die Devise: Entweder ganz oder gar nicht.

Werden Tiere, kleine Kinder oder Menschen gefilmt, die nicht auf Augenhöhe mit der Kamera sind, dann muss die Kamera entsprechend angepasst werden. Ein Kameramann hat ein Stativ, um damit zu arbeiten und um es zu verstellen. Die Kamera muss also immer auf Augenhöhe mit dem Objekt gebracht werden, welches gefilmt wird. Ein Grund dies nicht zu tun kann nur in der dramaturgischen Wirkung einer Szene zu finden sein. Die Froschperspektive oder die Vogelperspektive drücken somit entweder Überlegenheit oder Unterlegenheit aus. Ansonsten heißt es für Sie: In die Knie, wenn Sie etwas filmen, das kleiner ist als Sie und ab in die Höhe, wenn etwas größer ist.

> »In die Knie, wenn Sie etwas filmen, das kleiner ist als Sie
> und ab in die Höhe, wenn etwas größer ist.«

Die Hauptfiguren

Der Dreh mit Darstellern, ob Profi- oder Laiendarsteller, erfordert eine erhöhte Aufmerksamkeit. Kommen Menschen in einem Bild vor, so sind sie für den Zuschauer das Nonplusultra und werden sofort betrachtet. Aus diesem Grund muss beim Dreh alles stimmen. Kurz und knackig lässt sich – immer unter der Prämisse: „Es sei denn, es ist gewollt" – sagen:

> »Darsteller dürfen keine glänzende Stirn
> oder fettige Haut haben und nicht schwitzen.«

Darsteller dürfen keine glänzende Stirn oder fettige Haut haben und nicht schwitzen. Dagegen hilft entweder ein/e Visagist/in, ein/e Maskenbildner/in oder die Kombination von mattierender Creme und Puder. Haben Sie kein weiteres Crewmitglied parat, so sollten Sie zumindest immer ein wenig Make-up dabei haben. Selbst ein Papiertaschentuch reicht häufig schon aus, um Schweißperlen zu entfernen. Doch mattierende Creme, Puder, die passenden Schwämme und Pinsel, sowie das Know-how, wie dies anzuwenden ist, kann Gold wert sein. Überprüfen Sie regelmäßig, ob die Utensilien noch haltbar sind, denn auch Creme kann verfallen. Sie wollen sich anschließend nicht mit Hautausschlägen Ihrer Darsteller befassen müssen.

Die Kleidung des Darstellers muss ebenfalls sitzen. Hemdkragen dürfen nicht verdreht sein, die Krawatte muss ordentlich liegen, Taschentücher dürfen nicht aus den Taschen schauen, Knöpfe müssen richtig zu oder offen sein. Auch sollten die Kleidungsstücke selbstverständlich zueinander passen. Im Idealfall tragen Darsteller die Farben, die auch das Produkt oder die Hauptaussage des Films unterstützen. Hierbei gelten natürlich dieselben Grundsätze wie bei allem, was mit Farben zu tun hat. Rote, orange und gelbe Farbtöne drücken Geborgenheit und Wärme aus, während blaue Töne eher in eine kalte Richtung tendieren.

Der Protagonist darf sich nicht ungewollt aus dem Bild heraus bewegen. Gestikuliert er mit den Armen oder macht große Bewegungen, so muss die Einstellungsgröße daran angepasst sein. Auch jemand, der ein Statement abgibt und dabei eine starke Körperbewegung aufzeigt, sollte sich nicht permanent aus dem Bild bewegen. Bewegt er zu einer Aussage unterstützend seinen Kopf und ragt dieser kurzfristig aus dem Beschnitt, so ist das sicher kein Problem, doch ist er ständig beschnitten, sollten Sie sich als Kameramann eine andere Einstellungsgröße suchen.

Menschen brauchen Pausen. Klappt irgendetwas mehrfach nicht und scheint der Wurm drin zu sein, so sollte erstmal eine Pause gemacht werden.

> *»Klappt irgendetwas mehrfach nicht*
> *und scheint der Wurm drin zu sein, so sollte*
> *erstmal eine Pause gemacht werden.«*

Gibt es im Bild störende Elemente, die von der Hauptfigur oder dem Hauptobjekt ablenken? Ist dies der Fall, so müssen sie entfernt werden. Der Zuschauer schaut unweigerlich eher auf sich bewegende Elemente im Bild. Auch farbenfrohe und grelle Objekte werden schneller wahrgenommen, wenn sich der Rest des Bildes nicht ebenso farbenfroh und grell darstellt. Ein Interview oder ein Statement mit einer Person sollte also nicht vor irgendwelchen Türen stattfinden, die sich ständig öffnen könnten. Der Hintergrund sollte in solchen Situationen so unbewegt wie möglich sein.

Schlussendlich muss alles rund um ein Produkt sauber sein. Fettige Fingerabdrücke auf einem Produkt oder drum herum sind tabu. Staub und Schmutz ebenso. Arbeiten Sie mit kleineren Produkten, so empfiehlt es sich manchmal, einfach handelsübliche Gummihandschuhe zu tragen, so dass Sie den Schmutz Ihrer Hände nicht auf das Produkt übertragen. Selbst wenn Sie es im LCD Monitor der Kamera nicht sehen und auch der Vorschaumonitor eventuell nicht alles zeigt – in höchster Auflösung wird spätestens Ihr Editor sehen, wie sauber Sie gearbeitet haben.

Einstellungsgrößen

Bewegte Bilder zu generieren bedeutet nicht, sie einfach nur zu filmen, sondern auch sich Gedanken darüber zu machen. Der Zuschauer ist der finale Kritiker eines Filmes und sollte mit den bestmöglichen Bildern versorgt werden. Die Abwechslung der Einstellungsgrößen ist Pflicht – die zusätzliche Abwechslung in den Kamerapositionen ist eine Kür. Der Grundsatz dabei lautet:

> »*Wechseln Sie nach jedem Einstellungsgrößenwechsel auch die Kameraposition.*«

Zwar funktioniert der Wechsel von Amerikanisch auf Nah auch durch einfaches heran zoomen, doch das Bild wird noch einen Tick abwechslungsreicher und somit interessanter, wenn nebenbei auch noch die Kameraposition gewechselt wird. Natürlich darf dabei kein Achssprung zustande kommen.

Die Einstellungsgrößen zu kennen, gehört zur täglichen Arbeit eines Kameramannes. Leider werden sie oft fehlerhaft angewendet, auch von vermeintlich erfahrenen Redakteuren. Die richtige Abfolge der Einstellungsgrößen (bezogen auf den Menschen) lautet:

Weit
Eine weite Landschaft oder Umgebung, ohne dass man einzelne Objekte erkennen kann. Hier geht es in erster Linie darum, dem Zuschauer zu zeigen wo sich die Geschichte generell abspielt. Er soll dadurch ein Gefühl für den Ort des Geschehens vermittelt bekommen. Eine weite oder eine totale Einstellung wird auch als „Establishment Shot" bezeichnet.

Total
Unterscheidet sich von der Halbtotalen insofern, als dass es noch ein wenig Head- und Footroom zwischen Kopf und Fuß des Menschen gibt. Die Totale verdichtet ein Bild jedoch bereits auf das Hauptobjekt.

> *»Eine weite oder eine totale Einstellung wird auch als „Establishment Shot" bezeichnet.«*

Halbtotal
Der Mensch ist von Kopf bis Fuß zu sehen. Hier geht es in der Tat nur noch um den Menschen oder um das Hauptobjekt. Alles drum herum ist irrelevant.

Amerikanisch
Der Mensch ist über den Knien abgeschnitten. Diese Einstellungsgröße entstammt alten US-amerikanischen Western, bei denen man noch den Revolver im Halfter des Hauptdarstellers sehen sollte. Die amerikanische Einstellung wird heutzutage nicht mehr generell gelehrt, obwohl sie eine interessante Einstellungsgröße darstellt.

Halbnah
Der Mensch ist an der Hüfte abgeschnitten.

Nah
Der Mensch ist an der Brust abgeschnitten.

Close
Nur der Kopf der Person ist zu sehen.

Detail
Ein kleines Detail wie Auge, Nase oder Ohr ist zu sehen. Diese Einstellung wird in der Regel nur dann angewendet, wenn die Geschichte sich auch um das jeweilige Detail dreht. Ein Film über ein Hörgerät erfordert sicher mehr Details vom Ohr als vom Auge.

Blue-, Greenscreen und Keying

Manchmal bleibt man einfach im Studio. Im Studio wird die Kamera vor blauem oder grünem Stoff aufgebaut und alles, was sonst umständlich draußen gefilmt würde, wird drinnen gedreht. Am Ende wird die Farbe herausgestanzt und im Schnitt durch einen Hintergrund ersetzt. Das klingt einfach, doch es erfordert große Disziplin und Know-how beim Dreh.

Generell sollte geklärt werden wieso die Hintergründe gerade blau oder grün sein sollten und nicht rot, orange oder lila. Schauen Sie sich mal Ihre Hautfarbe an. Wie viele blaue Farbanteile finden Sie darin? Wie viele grüne schätzen Sie? Damit haben Sie sich die Frage gerade selbst beantwortet. In der menschlichen Hautfarbe finden Sie in der Regel kein Blau und kein Grün, dafür umso mehr Rot, Gelb, Orange, Braun etc. Dies erklärt gleichzeitig, wieso sie ein Objekt, welches blau oder grün ist, natürlich nicht vor einem Blue- oder Greenscreen filmen können.

Der Hintergrund muss separat von der Person oder dem Objekt davor ausgeleuchtet sein. Er muss so homogen wie möglich beleuchtet sein und sollte idealerweise keine Schatten, Falten, oder ähnliches werfen. Je gleichmäßiger die Farbe ist, desto besser kann gestanzt werden.

Die Person oder das Objekt vor dem Hintergrund sollte keine Farbe des Hintergrundes an sich tragen. Hat eine Dame grüne Augen, sollte sie nicht vor einem Greenscreen aufgenommen werden. Braucht ein Herr eine blaue Krawatte, so sollte der nicht vor einem Bluescreen aufgenommen werden. Ausnahmen von dieser Regel machen dem Editor den Schnitt schwerer, da er nicht einfach nur stanzen kann, sondern auch noch einen Bereich definieren muss, der nicht gestanzt werden soll. Natürlich ist es möglich, dass jemand ein dunkelblaues Kleidungsstück vor einem Bluescreen tragen kann, doch denken Sie daran, dass dies dem Editor das Leben schwer machen kann.

Sie können sich den Effekt des Stanzens jedoch auch zu Nutze machen. Möchten Sie, dass bei einer Person etwas herausgestanzt wird, so verpassen Sie dieser Person doch einfach ein Stück blauen oder grünen Stoff. Im Schnitt können Sie diese Farbe dann entfernen und durch etwas anderes ersetzen.

Auf filigrane Objekte, dünne Haare, eine zersauste Frisur oder zu kleine Objekte sollte verzichtet werden. Eine schlechte Kamera kann die Kanten des Objektes nicht gut genug vom Hintergrund trennen. Die Folge ist, dass die Hintergrundfarbe in das Objekt hineinleuchtet. Dies wiederum macht es dem Editor schwer, eine ordentliche Stanzmaske anzulegen. Im schlimmsten Fall ist ein Objekt nicht gänzlich vom Hintergrund zu trennen und der Editor muss in den sauren Apfel beißen, das Objekt schlecht zu stanzen.

Nach Möglichkeit sollten Personen und Objekte ein Spitzlicht von hinten erhalten. Die Kanten der Person oder des Objekts müssen sich so kontrastreich wie möglich vom Hintergrund abheben. Dagegen sollte die Person oder das Objekt von vorn so beleuchtet sein, dass die Aufnahme später problemlos auf ein anderes Hintergrundbild gesetzt werden kann. Als Beispiel sei genannt, dass vor einem rot ausgeleuchteten Hintergrundbild auch eine halbwegs rötlich erscheinende Person oder ein Objekt stehen sollte. Wurde die Person neutral oder andersfarbig ausgeleuchtet, so muss der Editor die Farben bearbeiten. Wird eine Person gestanzt und vor einen Hintergrund gesetzt, in dem die Sonne scheint, so sollte die Person auch von der richtigen Seite aus beleuchtet sein. Kommt das Führungslicht bei der Person von rechts vorn, scheint die Sonne im Hintergrund aber eher von links vorn, so wird das entstehende Bild unweigerlich künstlich wirken.

Eine Blue- oder Greenscreenaufnahme sollte immer so unkomprimiert wie möglich aufgenommen werden. Idealerweise wird das Signal mittels SDI- Schnittstelle abgegriffen. Ist das nicht möglich, so muss die Kamera in höchstmöglicher Auflösung bei geringster Kompression aufzeichnen. Haben Sie nicht die Möglichkeit einer SDI Schnittstelle, so versuchen Sie HDCAM oder DVCPROHD zu nutzen. Nur so hat der Editor ein Bild mit möglichst wenigen Kompressionsalgorithmen. Zeichnen Sie es am besten progressiv auf, da das Halbbildverfahren technisch nicht für Keying geeignet ist. Hierfür bietet sich eine Aufnahme in 720 p an.

Schnitt

Einleitung

Guter Schnitt muss lange geübt und gelernt werden. Mit jedem neuen Film, den Sie schneiden, werden sie besser und machen weniger Fehler. Doch guter Schnitt muss auch in das Gesamtkonzept eines Auftrags passen. Es nutzt nichts, wenn ein Auftrag einen Schnitt von fünf Tagen kalkuliert und der Editor im Endeffekt drei Wochen schneidet. Der Schnitt ist dann zwar vielleicht fantastisch, doch er ist nicht mehr effektiv und lukrativ. Der Kampf, den ein Editor also immer austragen muss, ist der zwischen Perfektion und Effektivität. Im wirtschaftlichen Umfeld sollte eine möglichst hohe Perfektion angestrebt werden, ohne dabei die Effektivität zu vernachlässigen. Das heißt im Klartext, dass das Budget eines Auftrags im Regelfall die Qualität des Schnitts beeinflusst. Frei nach dem Motto „Man kann immer noch mehr machen" darf man hier nicht arbeiten. Ist das Budget begrenzt, dann sollten Sie so schneiden, dass der Zuschauer für Sie offensichtliche Fehler nicht realisiert. Dies kommt weit häufiger vor, als Sie im Moment denken – nicht anders ist zu erklären, wieso es so viele schlechte Produktionen auf dem Markt gibt – falsches Keying, schlechte Ausleuchtung, unsinniger Bildaufbau – vermeintliche Profis verkaufen Produkte, bei denen wirklichen Profis die Haare zu Berge stehen. Doch oftmals sieht der Kunde das anders. Nicht zuletzt deshalb, weil das Budget für eine Videoproduktion nicht vorhanden ist. Dies soll Sie nicht einladen auch schlechte Produktionen abzuliefern. Finden Sie den Mittelweg zwischen Effektivität und Qualität. Anders sieht das bei Projekten aus, die ein entsprechendes Budget zur Verfügung gestellt bekommen. Hier darf häufiger experimentiert und mit dem Schnitt gespielt werden.

>*»Finden Sie den Mittelweg*
>*zwischen Effektivität und Qualität.«*

Unabhängig von Effektivität und Perfektionismus gibt es einige Grundregeln, die es zu beachten gilt. Diesen widmen wir uns jetzt, wenn auch in kleinerem Maße, als es jede einzelne Regel verdient hätte.

18 Regeln für guten Schnitt

Regel Nr. 1 – Mit Hardcuts nicht in Bewegungen schneiden
Keinen Hardcut in eine bewegte Einstellung, es sei denn die Schnitte unterstützen die Bewegung. Ein Hardcut wird verwendet, um von einem Standbild auf ein anderes Standbild zu schneiden oder dann, wenn er eine schnelle Bewegungsabfolge (auch von gefahrenen, gezoomten oder geschwenkten Aufnahmen) unterstützt. In einen Zoom oder Schwenk sollten Sie blenden, da dies keinen plötzlichen Bewegungswechsel für das menschliche Auge darstellt, sondern ein sanftes Hinführen zu einer Bewegung. Um eine Blende zu vermeiden können Sie das Bild vor und nach einem Zoom oder Schwenk auch einfach einige Sekunden ruhig stehen lassen. Leider schleicht sich in Amateurkreisen der einfache Hardcut oft auch in bewegte Aufnahmen ein. Wer sich davon abheben will, der muss den Hardcut richtig nutzen. Für den Selbsttest, wie ein Hardcut dem menschlichen Sehvermögen nachempfunden ist, schauen Sie geradeaus und schließen Sie die Augen. Öffnen Sie diese nun. Was Sie erlebt haben ist der klassische Hardcut von einer Szene (Ihre geschlossenen Augen = Dunkel) in die nächste Szene (Ihre geöffneten Augen = Das, was Sie sehen). Nun machen Sie dasselbe noch einmal, bewegen Ihren Kopf jedoch beim Öffnen der Augen. Sobald sie offen sind, halten Sie den Kopf an. Wann realisieren Sie wirklich, was Sie gerade sehen? Schon während der Bewegung oder erst dann, wenn der Kopf still steht?
Erst wenn der Kopf still ist, sehen Sie tatsächlich etwas. Die vorherige Bewegung ist unnötig und bringt Sie lediglich aus dem Konzept. Mit diesem Wissen im Hinterkopf nutzen Sie den Hardcut ab sofort richtig.

Regel Nr. 2 – Blenden sinnvoll einsetzen
Blenden können verwendet werden, um einen Wechsel zu zeigen. Dieser ist dann entweder zeitlich oder räumlich orientiert. Eine Überblendung heißt also für den Zuschauer unweigerlich, dass sich hier eine Szenerie ändert. Entweder springt der Film von einem Ort zum anderen oder die Zeit ändert sich. Der Grund hierfür ist, dass der Zuschauer eine Szene ausblenden sieht, während er eine andere einblenden sieht. Sein Gehirn kann sich tatsächlich von der ersten Szene „verabschieden" und die zweite Szene „willkommen heißen".

Regel Nr. 3 – Mit Effektblenden geizen
Ein Film darf nicht mit Effektblenden überladen sein. Es spricht nichts gegen den Einsatz von Effektblenden, dennoch sollte hinter der Anwendung ein Konzept stecken. Ein wirres Anwenden von Blenden führt auch zu einem wirren Film. Nicht mehr als zwei unterschiedliche Blenden sollten verwendet werden. Diese müssen dann jedoch auch konse-

quent angewendet werden, um zum Beispiel Kapitel voneinander zu trennen oder um wiederkehrende Aussagen aufzuzeigen. Selbst wenn Sie für Ihr Schnittprogramm gerade ein neues Paket Blenden gekauft haben und jede einzelne schöner ist als die andere – halten Sie sich zurück und wenden Sie Effektblenden behutsam an.

Regel Nr. 4 – Dem Zuschauer Zeit geben
Der Zuschauer braucht Zeit, um ein Bild gänzlich aufzunehmen und es zu verarbeiten. Zu schnelle Schnitte können dazu führen, dass bestimmte Informationen gar nicht wahr genommen werden können. Sobald sich also etwas völlig Neues im Bild entwickelt, sollte dem Zuschauer immer die Chance gegeben werden dies auch zu realisieren. In den letzen Jahren hat sich zwar die Schnittfrequenz in Filmen deutlich erhöht, dennoch ist es nach wie vor komplett abhängig vom jeweiligen Produkt, der Idee oder dem Konzept, wie viel Sie dem Zuschauer zumuten können. Reine Effektfilme, die sozusagen Lifestyle vermitteln sollen, können schneller geschnitten sein als erklärende Produktfilme. Sie müssen es aber nicht. Um herauszufinden, wie schnell ein Film geschnitten sein darf, schneiden Sie ihn und schauen Sie ihn sich zwei Tage später noch einmal an. Dann werden Sie für sich selbst erkennen, wann der Schnitt zu schnell ist und Ihnen dadurch wichtige Informationen verloren gehen.

Regel Nr. 5 – Neugierde wecken und Spannung aufbauen
Ein Film lebt von seiner Spannung. Eine Hauptaufgabe des Schnitts ist eben diese Spannung zu erzeugen. Ein guter Schnitt führt den Zuschauer langsam zum eigentlichen Höhepunkt hin und überfällt ihn nicht gleich damit. Der Weg vom Detail zum großen Ganzen ist für den Zuschauer weit interessanter als gleich das große Ganze zu sehen. Dies gelingt entweder mit einem sauberen Aufzieher oder mit der Aneinanderreihung verschiedener unterschiedlicher Einstellungen, die alle dasselbe Thema behandeln, jedoch immer wieder ein wenig mehr frei geben. Die Spannung innerhalb eines Films folgt oftmals einer Wellenform. Ein Film hat also mehrere Spannungsbögen.
Der Begriff „Spannung" ist weitläufiger zu sehen als im gängigen Verständnis. Spannung kann genauso gut mit „Neugierde" gleichgesetzt werden. Ein Zuschauer muss neugierig gemacht werden einen Film weiter zu schauen, egal ob Spielfilm, Image- oder Produktvideo. Diese Neugierde befriedigen Sie, indem Sie dem Zuschauer häppchenweise Informationen liefern bis er schlussendlich das große Ganze sieht.

Regel Nr. 6 – Einstellungsgrößen richtig aneinander reihen
Zwei gleiche Einstellungsgrößen sollten nicht hintereinander geschnitten werden. Dies bietet sich lediglich an, wenn zwei gleichwertige Charaktere im Wechsel geschnitten werden, doch auch dann ist es spannender, eine Person im Halbnah und die andere in einer nahen Einstellung zu zeigen.

Natürlich können Sie diese Regel aufweichen, doch je wechselhafter Schnitte verschiedener Einstellungsgrößen angewendet werden, umso interessanter ist der Film und umso interessierter der Zuschauer. Dieser will nämlich im Regelfall immer etwas Neues sehen und nicht immer wieder dasselbe. Siehe hierzu auch Regel Nr. 7.

Regel Nr. 7 – Neuigkeiten eröffnen
Jeder Schnitt muss für den Zuschauer etwas Neues eröffnen. Erfährt der Zuschauer nach einem Schnitt keine Neuigkeit, so kann auf eine der beiden Einstellungen verzichtet werden. Diese Regel findet sich nicht nur in Filmen, sondern auch in Büchern wieder. Geschichten bewegen sich stetig vorwärts. Mit jedem Satz wird eine neue Information vermittelt. Eine neue Information wird mit jedem Satz vermittelt.
Sie sehen – einer der letzten beiden Sätze hätte eingespart werden können, da Sie nichts Neues gelernt haben.
So verhält es sich auch beim Schnitt. Auch hier greift die vorherige Regel, denn es ist schwieriger dem Zuschauer eine Neuigkeit zu präsentieren, wenn die Einstellungsgrößen in ein und derselben Szenerie permanent gleich bleiben.

Regel Nr. 8 – Schnittgeschwindigkeit anpassen
Die Schnittgeschwindigkeit muss dem Produkt oder dem Konzept angepasst sein. Hier kommt wieder Regel Nr. 4 ins Spiel. Verläuft die Geschichte schnell, so können auch die Schnitte schnell sein. Verläuft sie dagegen langsam, so müssen auch die Schnitte langsam sein. Ein Produkt, welches schnell arbeitet, kann durch einen schnellen Schnitt zusätzlich beschleunigt oder durch langsame Schnitte entschleunigt werden. Dies kann natürlich geeignet sein, um einen schnellen Prozess in aller Ruhe zu erklären. Überlegen Sie sich, in welchem Ausmaß Sie Ihrem Zielpublikum die Aufgabe stellen können, sich voll und ganz auf ein schnell geschnittenes Video zu konzentrieren.

Regel Nr. 9 – Bild/Ton Schere vermeiden
Wird im Off-Text etwas gänzlich anders besprochen als im Bild zu sehen ist, so spricht man von der Bild/Ton- Schere. Dies soll nicht heißen, dass der Off-Text exakt das wiedergeben soll, was sowieso schon im Bild zu sehen ist. Vielmehr soll er das Bild ergänzen. Der Zuschauer darf mit Neuigkeiten jedoch nicht überfordert werden. Sieht er nach einem Schnitt etwas gänzlich Neues und erzählt der Off-Sprecher dazu auch noch etwas Neues, so gehen Informationen verloren. Der Zuschauer muss Zeit bekommen sich in einer Szene zurecht zu finden und diese visuell zu verstehen. Erst dann kann der Off-Sprecher etwas dazu sagen. Wiegen die Informationen im Bild mehr, so sollte der Off-Sprecher in seinem Text weniger Informationen vermitteln. Umgekehrt sollten die wichtigen Aussagen vom Off-Sprecher unter nicht ganz so informationsreiche Bilder gelegt werden.

Regel Nr. 10 – Niemals zu früh oder zu spät schneiden
Es sollte von einer in die nächste Szene geschnitten werden, wenn der gesamte Inhalt eines Bildes dem Zuschauer ausreichend erläutert wurde. Sobald der Zuschauer verstanden hat wieso er gerade diese oder jene Aufnahme gesehen hat, kann geschnitten werden. Soll ein Bewegungsablauf durch mehrere Einstellungen verfolgt werden, so sollte nicht mehr als ein Frame ins nächste geschnitten werden, nachdem ein Objekt aus dem ersten Bild verschwunden ist. Ein Auto, welches aus dem ersten Bild herausfährt, um nach dem Schnitt in einer anderen Einstellungsgröße weiterzufahren, sollte unmittelbar nachdem es das erste Bild verlassen hat, geschnitten werden.

Regel Nr. 11 – Die CI ist das A und O
Der Farbton des Bildes muss der gewollten Aussage des Kunden entsprechen. Jeder in der Wirtschaft angesiedelte Film ist für ein Unternehmen gemacht, welches sich durch eine CI (Corporate Identity) definiert. Dies ist in der Realität nicht bei jedem Unternehmen durchgängig der Fall, doch wiederkehrende Muster, wie ein Logo, bestimmte Farben oder eine bestimmte Schriftart kommen auch bei den kleinsten Unternehmen vor. Die Farbgebung eines Filmes muss in erster Linie dem Produkt entsprechen. Sie muss in jedem Fall durchgängig sein und darf nicht wechseln, es sei denn dies ist gewollt. Wenn eine Firma ein rotes Logo mit den Werten R200 G20 B20 hat, dann darf ein Rot, welches im Film verwendet wird, nicht plötzlich andere RGB Werte haben. Genauso verhält es sich mit Schriften. Ist die Stammschrift eines Unternehmens Verdana, so kann in einem Film nicht plötzlich Arial verwendet werden. Es kommt ebenfalls vor, dass Logos nur vor bestimmten Hintergründen angewendet werden dürfen. Dies rührt daher, dass bestimmte Logos nur vor einem weißen Hintergrund wirken, andere aber einen schwarzen Hintergrund benötigen. Dies zu ignorieren führt zu Unmut bei dem Kunden. Auch sollten Sie mit einem Logo nicht zu sehr spielen, ohne es mit dem Kunden abgesprochen zu haben. Ein weißer Schein um ein Logo sieht vielleicht gut aus, entspricht aber nicht dem Auftreten Ihres Kunden – verzichten Sie also auf den Schein. Ähnlich verhält es sich mit Schlagschatten oder anderen visuellen Effekten. All diese gilt es im Vorfeld zu klären, da ein Kunde sonst mit Unmengen an Änderungswünschen kommt.

Regel Nr. 12 – Keine wirren Spiele mit wiederkehrenden Elementen
Wiederkehrende Elemente müssen gleich bleiben. Eine Bauchbinde darf sich nicht während des Filmes ändern, sondern muss immer auf dieselbe Art und Weise auf- und abgebaut werden. Schriftart und Grafiken müssen während des Films ebenfalls gleich bleiben. Die Art und Weise wie Grafiken aufgebaut werden, muss gleich bleiben. Effektblenden, die für eine bestimmte Wirkung genutzt werden (zum Beispiel das Einleiten einer neuen Situation oder eines neuen Ortes), müssen durchweg gleich bleiben. Hintergründe sind ein Wiedererkennungswert und müssen gleich bleiben. Ein Film in

dem sich permanent alles ändert, wirkt wirr und unstrukturiert. Selbst wenn Sie der Meinung sind, dass in einem Film doch noch viel mehr Effekte und Variationen gezeigt werden könnten – tun Sie es nicht. Am Ende wird kein in sich geschlossener Film entstehen, sondern ein Gewitter an kreativen Tätigkeiten.

Regel Nr. 13 – Zeitlupen und Zeitraffer bewusst anwenden
Sind Zeitlupen wirklich nötig? Wenn Videoaufnahmen verlangsamt werden, ohne dass sie vorher speziell für diesen Zweck aufgenommen wurden (es gibt Zeitlupenfunktionen, die mit mehr als 25 Bildern pro Sekunde aufnehmen), dann wirkt sich eine nachträgliche Zeitlupe immer negativ aus. Der Computer muss die fehlenden Bilder interpolieren, also neu errechnen. Dies führt im Regelfall dazu, dass die Zeitlupe verschwommen und nicht scharf wirkt. Wenn es also machbar ist, dann sollte auf Zeitlupen verzichtet werden. Ist dies nicht möglich, so stellen Sie sicher, dass eine Zeitlupenaufnahme auch bereits als Zeitlupe aufgezeichnet wurde. Wie bereits erwähnt, gibt es Kameras, die z.B. mit 50 Bildern pro Sekunde aufzeichnen. Diese Aufnahmen in einem Film, der nur mit 25 Bildern pro Sekunde arbeitet, garantieren eine einwandfreie Zeitlupe. Zeitraffer hingegen funktionieren im Normalfall problemlos, da der Computer dabei nur Bilder wegfallen lassen muss. Doch auch hier müssen Sie bei der Aufnahme bereits im Hinterkopf behalten, dass Sie möglichst viel Videomaterial für einen Zeitraffer benötigen. Zeichnen Sie 12 Sekunden Videomaterial auf, so dauert ein doppelt so schnell laufendes Video nur 6 Sekunden und ein drei mal so schnelles Video lediglich 4 Sekunden. Wenn Sie also einen Zeitraffer über 10 Sekunden benötigen, so sollten Sie wenigstens 20, besser noch 30 oder mehr Sekunden Ursprungsmaterial aufzeichnen.

Regel Nr. 14 – Aussagen nicht abschneiden
Werden Interviews oder Statements geschnitten, so dürfen Aussagen nicht mitten im Satz abgeschnitten werden. Auch inhaltlich muss eine Aussage abgeschlossen sein und darf keine Fragen offen lassen. Schwierig gestaltet sich das bei Personen, die ohne Punkt und Komma reden. Viele unerfahrene Personen verbinden Sätze sehr gern mit einem „ähm" oder einem „und" anstatt einfach einen Punkt zu setzen. Der Editor entscheidet dann, ob eine Aussage entweder länger ausfällt oder ob sie komplett entfernt wird. Nur im äußersten Notfall sollte die Aussage abgeschnitten werden. Dies ist keinesfalls eine adäquate Lösung. Solange es irgendwie möglich ist das Filmkonzept an solchen Stellen zu ändern, sollte dies auch geschehen. Ansonsten klingt es für den Zuschauer so, als ob ein Satz mitten

Regel Nr. 15 – Halbbildfehler vermeiden
Halbbildfehler sind auf Computermonitoren nicht sichtbar. Es ist unumgänglich, einen Film vor der finalen Ausgabe auf Tape, DVD oder Blu-ray auf einem Kontrollmonitor anzuschauen. Dies dient maßgeblich der Kontrolle von Halbbildfehlern. Da ein Computermonitor progressiv arbeitet, also jedes einzelne Bild mit einem Mal darstellt, ist es nicht möglich solche Fehler zu sehen. Nur auf einem Monitor, der mit Halbbildern arbeitet (Röhrenfernseher, Plasma, LCD Screens oder auch Beamer), werden Halbbildfehler dargestellt. Der technische Hintergrund ist, dass ein Fernsehbild in Form von Halbbildern geschrieben wird. Das menschliche Auge merkt dies nicht, doch in der Realität werden in einer Sekunde 50 Halbbilder dargestellt, auch wenn immer von 25 Bildern gesprochen wird. Dabei handelt es sich um die Vollbilder, also zwei Halbbilder, die zusammen gefasst werden. Man unterscheidet das obere und das untere Halbbild. Werden nun während des Schnitts Formate vermischt, bei denen die Halbbilder unterschiedlich geschrieben werden, oder ist die Projekteinstellung nicht passend zu dem Format, welches geschnitten wird, so entstehen solche Fehler. Sie zeigen sich in Form von stark hakelnden oder abgehackten Bewegungen in der jeweiligen Szene, die die falsche Halbbildreihenfolge hat.

Regel Nr. 16 – Texte richtig anwenden
Regel Nr. 11 hat sich bereits mit der CI beschäftigt. Daher wissen Sie, dass Texteinblendungen im Bild grundsätzlich mit der Schrift geschrieben sein sollten, die der CI des Kunden entspricht. Nachfragen ist angesagt. Die Textgröße ist abhängig davon, wie groß das finale Videobild sein wird. Ist es sehr klein, dann sollte der Text nicht zu klein sein. Auch wichtig ist, dass Texte in der Titlesafe Area geschrieben sind. Ein Videobild gliedert sich in eine Safe Area und in eine Titlesafe Area. Viele Monitore, Beamer und Screens schneiden mehr oder weniger Bildmaterial an den Rändern ab. Wichtige Texte und Bilder sollten also nicht außerhalb der Safe Area platziert werden. Damit Texte nicht zu sehr an den Rand gedrängt aussehen, sollten sie nicht außerhalb des Titlesafe Bereiches geschrieben werden. Die nächste Frage ist: Flimmert der Text? Wenn ja, muss eine leichte Unschärfe oder ein entsprechender Flimmerfilter über den Text gelegt werden. Eine serifenfreie Schrift zu verwenden ist ebenfalls empfehlenswert, da so ein Flimmern an den Serifen minimiert werden kann. Stellen Sie sich die Frage, ob der Text lesbar ist, sich also genügend vom Hintergrund abhebt.

Texte sollten sich in der Titlesafe Area befinden. Wichtige Bildinhalte sollten nicht über die Safe Area hinaus gehen, da sie sonst abgeschnitten werden können.

Regel Nr. 17 – Auf Szenen verzichten
Selbst wenn es Ihnen schwer fällt und Sie eine noch so gute Szene gern im Film hätten – wenn sie nicht passt, dann muss sie rigoros außen vor gelassen werden. Eine Szene nur deshalb zu nutzen, weil sie so schön ist, bringt nichts, denn sie trägt nichts zum Fortlauf der Geschichte bei. Der Zuschauer wird die Szene nicht vermissen, da er sie nicht kennt. Auch hier gilt das praktische Sprichwort: „In der Kürze liegt die Würze."

Regel Nr. 18 – Einstellungsarbeiten gehören nicht in den Film
Ein Kameramann drückt nicht zwangsläufig immer auf Stop, nur weil er eine Einstellungsgröße ändert. Es kann also sein, dass Sie als Editor eine Nahaufnahme geliefert bekommen, anschließend eine Einstellungsänderung durch einen unsauberen Aufzieher und dann eine Totale. Der unsaubere Aufzieher wurde vom Kameramann einfach nur gemacht, um Ihnen in möglichst kurzer Zeit zwei verschiedene Einstellungsgrößen zu liefern. Er gehört nicht in Ihren Schnitt. Kein einziges Frame einer Einstellungsänderung darf im fertigen Film verwendet werden. Es gibt keinen Grund einen schlechten Aufzieher, einen schlechten Schwenk oder auch nur eine minimale Änderung der Bildgröße in Ihren Film aufzunehmen.

Zahlen und Begriffe, die sitzen müssen

Im Audio- und Videobereich gibt es einige Zahlen, die Sie kennen müssen, da sie zum Verständnis der täglichen Arbeit beitragen und herangezogen werden können, wenn etwas erklärt werden muss. Folgende Zahlen sollten Sie sich in jedem Fall einprägen:

Bildseitenverhältnis:
Das 4:3 Format war lange Zeit Standard im TV Geschäft und somit natürlich auch im Produktionsalltag. Erst im Laufe der Zeit wurde es durch das 16:9 Bildseitenverhältnis abgelöst. Mit dem Einzug von HD wird nur noch in 16:9 produziert. Ältere TV Geräte verstehen jedoch oftmals nur das 4:3 Format. Aus diesem Grund werden auch heute noch viele Fernsehsendungen in 4:3 ausgestrahlt. Dieses Seitenverhältnis ist jedoch im Aussterben begriffen und wird auf lange Sicht komplett von 16:9 abgelöst.

Normen:
SD PAL steht für Standard Definition PAL. PAL ist die Fernsehnorm in Deutschland, sowie einigen weiteren Ländern. Als weitere Fernsehnormen existieren noch NTSC, sowie SECAM. Gerade in Südamerika gibt es Abweichungen vom PAL, die jedoch in der Hauptsache auf PAL aufbauen.

Norm	Bildseiten-verhältnis	Auflösung in Pixel	Bilder pro Sekunde	Anmerkungen
SD PAL	4:3	720x576	25	
SD PAL	16:9	720x576 anamorph	25	
SD PAL	4:3	768x576	25	Diese Auflösung wird nur verwendet, wenn quadratische Pixel angewendet werden. Wenn also ein 4:3 Bild am Computer erstellt wird und nicht die Auswahlmöglichkeit „rechteckige" oder „quadratische" Pixel besteht.
SD PAL	16:9	1024x576	25	Auch diese Auflösung wird nur verwendet, wenn Sie mit quadratischen anstelle von rechteckigen Pixeln im 16:9 Seitenverhältnis arbeiten.
SD NTSC	4:3	720x480	29,97	
SD NTSC	16:9	720x480 anamorph	29,97	
SD NTSC	4:3	768x480	29,97	Diese Auflösung wird nur verwendet, wenn quadratische Pixel angewendet werden. Wenn also ein 4:3 Bild am Computer erstellt wird und nicht die Auswahlmöglichkeit „rechteckige" oder „quadratische" Pixel besteht.
SD NTSC	16:9	1024x480 anamorph	29,97	Auch diese Auflösung wird nur verwendet, wenn Sie mit quadratischen anstelle von rechteckigen Pixeln im 16:9 Seitenverhältnis arbeiten.
HD 1080i	16:9	1440x1080 anamorph	24/25/29,97	
HD 1080p	16:9	1920x1080	24/25/29,97	
HD 720p	16:9	1280x720	24/25/29,97	

PAL definiert sich durch seine Auflösung von 720 Spalten x 625 Zeilen, von denen aber nur 576 Zeilen tatsächlich sichtbar sind. Die übrigen 49 Zeilen werden für die Übertragung technischer Parameter verwendet. Des Weiteren ist im PAL Verfahren festgelegt, dass 25 Bilder pro Sekunde durch 50 Halbbilder pro Sekunde dargestellt werden. Das Halbbildverfahren nennt sich „interlaced". Die Art und Weise zu erläutern, wie mittels PAL Norm Bilder dargestellt werden, führt technisch zu weit.

NTSC, das amerikanische Pendant zu PAL, hat eine Auflösung von 720 Spalten x 525 Zeilen, wobei nur 486 Zeilen sichtbar sind. Auch hier werden die übrigen 39 Zeilen für die Übertragung technischer Parameter verwendet. Bei NTSC werden 29,97 Bilder pro Sekunde dargestellt, obwohl fälschlicherweise oft von 30 Bildern pro Sekunde gesprochen wird.

SECAM ist eine Fernsehnorm, die in Frankreich entwickelt wurde, um die einheimische Industrie vor Importen zu schützen. Heutzutage ist die Verbreitung von SECAM eher gering und spielt in normalen Produktionsprozessen kaum eine Rolle. Informieren Sie sich ausgiebiger über SECAM, wenn Sie für Russland oder Frankreich, sowie einige afrikanische Länder produzieren.

Quadratische und rechteckige Pixel:
Fernseher stellen seit jeher die Farben Rot, Grün und Blau nebeneinander dar. Alte Kathodenstrahlgeräte haben einen roten, einen grünen und einen blauen Pixel eng beieinander dargestellt und in unterschiedlicher Helligkeit leuchten lassen. So ergab sich für das menschliche Auge eine entsprechende Farbe. Aus diesem Grund sind solche Pixel rechteckig. Schauen Sie sich mit einer Lupe die Röhre eines alten laufenden TV-Gerätes an, so sehen Sie grundsätzlich drei nebeneinander liegende Lichtpunkte, die am Ende zu einem Pixel verschmelzen. Ein Computermonitor hingegen mischt keine Farbe aus diesen drei Farben, sondern zeigt anhand eines einzigen Pixels die entsprechende Farbe an. Dieser Pixel ist quadratisch. Um nun die Unterschiede in der Breite eines quadratischen und eines rechteckigen Pixels zu kompensieren, müssen Sie bei der Erstellung von Fernsehbildern mehr quadratische als rechteckige Pixel in Längsrichtung anwenden.

HD Fernseher arbeiten nicht mehr mit Kathodenstrahlen. Sie zeigen immer nur einen Pixel an. Aus diesem Grund unterscheidet man bei HD Produktionen nicht mehr zwischen quadratischen und rechteckigen Pixel.

Standard Definition und High Definition:
PAL, NTSC und SECAM repräsentieren Standard Definition, also SD.
High Definition, also HD, besagt, dass ein HD Gerät mindestens 720 Bildzeilen besitzen muss. Bei Standard Definition ging es niemals über 576 Bildzeilen hinaus.
Sowohl 1280x720 Pixel, also auch 1920x1080 Pixel entsprechen also HD fähigem Material. 1920x1080 wird gemeinhin als Full HD bezeichnet, wobei dieser Begriff offiziell nicht existiert. Auch 1280x720 ist im Prinzip „Full HD". Es gibt kein „Half HD". Die Industrie hat jahrelang mit „HD ready" Geräten geworben, die zwar 720 Zeilen darstellen konnten, nicht aber die 1920 Spalten, die nötig sind um auch tatsächlich in den Genuss der größtmöglichen HD Auflösung zu kommen.

Datenraten:
Nicht nur Auflösungen und Fernsehnormen bestimmen den täglichen Arbeitsalltag, sondern auch Datenraten. Hierbei handelt es sich hauptsächlich um die Codierung von Videos in verschiedene Videoformate. Dabei gibt es einige grundsätzliche Datenraten, die geläufig sein sollten:
- Eine DVD wird in der Regel als MPEG-2 codiert. Die Datenraten sollten dabei zwischen 3 und 7 MBit/s liegen, wobei die MPEG-2 Spezifikationen für DVDs auch höhere und geringere Datenraten zulässt.
- Aufnahmen in HDV, DV-PAL, DV-NTSC und DVCPRO finden immer mit 25 MBit/s statt.
- Aufnahmen in DVCPRO50 finden mit 50 MBit/s statt.
- Aufnahmen in DVCPROHD finden mit 100 MBit/s statt.
- MPEG-4 Videos für das Internet sollten auf Grund der Bandbreite zwischen 128 und 1.024 KBit/s codiert sein. Natürlich sind höhere Datenraten auch immer möglich.
- Blu-ray Discs werden entweder als MPEG-2, VC-1 oder H.264 codiert. Je nach Codec kommen unterschiedliche Datenraten zum Tragen. Hierbei sollten Sie sich im Vorfeld informieren, welches Blu-ray Authoring Programm in Ihrem Unternehmen eingesetzt wird und mit welchen Codecs die besten Erfahrungen gesammelt wurden.

Gerade bei MPEG-4, H.264 und sonstigen Videos, die für Internetanwendungen optimiert sind, werden sehr geringe Datenraten verwendet. Diese richten sich in der Regel nach dem binären System und verdoppeln oder halbieren sich. Eine Zahlenreihenfolge für das binäre System lautet also: 2, 4, 8, 16, 32, 64, 128, 256, 512, 1024, 2048, 4096,... Bit, KBit, MBit,....

Videocodecs:
Ein Video liegt immer in einer Datei vor. Sie können also ein AVI, ein WMV oder ein MOV auf dem Computer haben. Doch dadurch wird nur der Container bezeichnet. In diesem Container befinden sich Codecs. In einem MOV Container können sich Codecs wie DV-PAL, Sorenson oder H.264 befinden. In einem AVI Container kann ein Cinepak Codec oder auch ein DV-PAL drin stecken. Um sich besser vorstellen zu können, was einen Container von einem Codec unterscheidet, stellen Sie sich das Auto vor. Kleinwagen, Mittelklassewagen und Luxuskarosse sind äquivalent zum Beispiel der Container AVI, MOV und WMV. Sie kaufen sich jedoch nicht einen „Kleinwagen", sondern Sie kaufen einen Fiat 500 oder einen Renault Twingo. Der Container „Kleinwagen" = „AVI" wird also noch einmal unterschieden in den „Fiat 500" = zum Beispiel der Codec DV-PAL oder den „Renault Twingo" = zum Beispiel der Codec Cinepak. Folgende Container und Videocodecs sind industrieller Standard und sollten Ihnen geläufig sein:

Quicktime MOV ist ein Containerformat, in welchem verschiedene Codecs stecken können. Quicktime ist ein von Apple entwickeltes Containerformat, welches im professionellen Schnittbereich großen Zuspruch findet.

Microsoft AVI ist ein Containerformat für unterschiedliche Codecs. Auch Microsofts WMV ist solch ein Containerformat. Während sich der WMV Container hauptsächlich auf die Anwendung im Internet ausgerichtet hat, ist AVI nicht nur ein Container für den semiprofessionellen Schnitt, sondern auch zur Weitergabe von Videos.

Im Container MPEG-4 können ebenfalls viele verschiedene Codecs stecken. Hierzu zählen in der Hauptsache MPEG-4 als Codec selbst oder aber H.264, sowie diverse Open-Source Codecs.

Auch der Matroska Container MKV kann unterschiedliche Codecs beinhalten. Matroska ist ein Open-Source Projekt, welches viele verschiedene Open-Source Codecs beinhalten kann.

Letztlich spielen noch MPEG-2 und MPEG-1 eine Rolle. Beide Formate können sowohl Container als auch Codec sein.

Die derzeit relevantesten Videocodecs sind:

MPEG-1 (im Container *.mpg, *.m1v, *.mpeg oder auch *.mp1)
MPEG-1 war lange Zeit der Codec für Video CDs, die Ende der Neunziger Jahre durch die DVD abgelöst wurden. Heute findet sich MPEG-1 noch im Internet wieder, wenn es darum geht möglichst kompatible Videos zu erstellen, die garantiert auf jedem Computer der Welt abspielbar sein sollen.

MPEG-2 (im Contaienr *.mpg, *.m2v, *.mpeg, *.mp2, *.m2ts,...)
MPEG-2 ist nicht nur der Standardcodec für die DVD Produktion, sondern auch einer der Wahlcodecs für Blu-rays. MPEG-2 ist ein sehr leistungsfähiger Codec, der optimale Bildqualität liefert, sich jedoch nicht eignet, um ihn für den Schnitt oder das Versenden von Videos an Kunden zu nutzen.

MPEG-4 (im Container *.mp4, *.mov,...)
MPEG-4 ist nicht nur ein Codec, sondern ein ganzer Multimediastandard, auf dem auch Codecs wie DivX und diverse Open Source Codecs aufbauen. MPEG-4 ist der Wahlcodec für mobile Anwendungen, für die Nutzung im Internet oder für die Weitergabe von Videos an Kunden.

Flash (im Container *.flv)
Flash sind nicht nur interaktive Anwendungen im Internet, sondern viele Videos basieren auf Flash. Der Codec codiert in sehr guter Qualität bei verhältnismäßig geringer

Dateigröße. Flash bekommt mit dem Codec VP8 in Zukunft eventuell Konkurrenz. VP8 ist erst seit Mitte 2010 im HTML5 Standard im Internet angekommen. Zu seiner Verbreitung wird voraussichtlich maßgeblich Google mittels YouTube beitragen. Das gesamte Projekt ist übrigens besser bekannt als webm.

*DV-PAL (im Container *.mov oder *.avi)*
Ein qualitativ schlechter Codec, der sich jedoch problemlos für den Schnitt von Videos eignet, die auf älteren Fernsehgeräten wiedergegeben werden sollen.

*MJPEG (im Container *.mov oder *.avi)*
Dieser reine Schnittcodec speichert die Einzelbilder eines Videos als JPEG Bilder. Somit generiert er große Videodateien in hochwertiger Bildqualität. Der Codec eignet sich sehr gut für die Weitergabe von Videos innerhalb verschiedener Schnittsysteme.

*H.264 /AVC (im Container *.mp4 oder *.mov)*
H.264 ist nicht nur ein Codec für die Verwendung im Internet, sondern findet sich oftmals auch auf Consumer Kameras als Aufzeichnungscodec wieder. Der mächtige H.264 Codec eignet sich weniger zum Schneiden, als vielmehr für die Weitergabe qualitativ hochwertiger Videos. Er ist auch einer der Wahlcodecs für die Verwendung auf Blu-ray Discs.

*WMV9 (im Container *.wmv)*
WMV7, 8 und 9 sind Microsoft Codecs, die hauptsächlich für die Verwendung im Internet erstellt wurden. Im WMV Container kann sich auch ein VC-1 Codec befinden, der einer der Wahlcodecs für Blu-ray Discs ist.

*DivX und Xvid (im Container *.avi, *.mkv, *.divx,...)*
Für den professionellen Bereich spielen DivX und Xvid keine Rolle. Sie sind hier nur der Form halber erwähnt, da sie im Consumerbereich weit verbreitet sind. Beide Codecs eignen sich nicht für den Schnitt und auch nicht für die Weitergabe von Videos. Sie sind maximal Archivierungscodecs für irrelevante Projekte.

Natürlich gibt es noch eine Vielzahl weiterer Videocodecs. Gerade im Open Source Bereich siedeln sich häufig neue Codecs an. Schnittsysteme verfügen über leistungsfähige herstellereigene Codecs und zig Derivate machen es dem Editor teilweise schwer, das richtige Endformat zu finden. In Ihrem Unternehmen sollte es eine funktionierende Codecstruktur geben. Arbeiten Sie zum Beispiel mit Final Cut Pro als Schnittsystem, so sollte Ihnen die ProRes Familie etwas sagen. Ist Premiere das System Ihrer Wahl, werden Sie häufiger mit verschiedenen AVI Codecs konfrontiert sein.

Technik

Schnittstellenkunde

Nicht nur in einem Studio kommen verschiedene Schnittstellen vor, auch am Computer, an Kameras und an Zuspielern gibt es diverse Ein- und Ausgänge, die eine Rolle spielen. In der Regel reicht es, wenn Sie die kennen, mit denen Sie ständig arbeiten. Doch ein Grundwissen über andere Schnittstellen hat noch niemandem geschadet.

Schnittstellen in der Bildverarbeitung

Cinch
Die Cinchbuchse ist weit verbreitet, auch in der Audiowelt. Über eine Videocinchbuchse werden FBAS-Signale übertragen.

Cinch-Kabel

Hosiden/S-Video
Den Namen hat die Hosidenbuchse von ihrem japanischen Erfinder. Über eine Hosidenbuchse werden Y/C-Signale übertragen, also ein in Chrominanz und Luminanz getrenntes Signal.

Hosiden-Kabel

BNC
BNC bezeichnet einen koaxialen Stecker mit einem Bajonettverschluss. So können Kabel robust und reißfest an Geräten angeschlossen werden. In der Regel werden BNC-Verbindungen für die Übertragung von YUV-, RGBHV-, YCbCr-, SDI- oder SDIHD-Signalen verwendet. All dies sind hochwertige Studiosignale.

BNC-Buchse

Scart-Kabel

Scart

Im Consumerbereich wird der 21-polige Scartanschluss häufig verwendet. Eine Belegung der einzelnen Pins mit FBAS, Y/C, aber auch RGB-Signalen ist möglich.

HDMI

HDMI findet sich an Consumergeräten als Schnittstelle zum Übertragen digitaler Audio- und Videodaten. Auch Steuersignale können mittels HDMI übertragen werden. HDMI lässt bis zu 5 GB/s-Datenrate zu. Häufig findet sich die Schnittstelle bei HD-fähigen Fernsehern, Blu-ray-Playern, aber auch DVD-Playern. Es gibt verschiedene HDMI-Variationen. Sie sind zueinander grundsätzlich abwärtskompatibel und unterscheiden sich oft darin, verschiedene weitere Audiocodecs zu übertragen. Außerdem wurde die Datenrate ab Version 1.1 auf 10 GB/s erhöht. Mit der Version 1.3 wurde ein neuer Steckertyp eingeführt. Es gibt verschiedene Steckertypen bei HDMI-Schnittstellen.

HDMI-Kabel

Cinch-Kabel

Schnittstellen in der Tonverarbeitung

Cinch

Die Cinchbuchse ist weit verbreitet, auch in der Videowelt. Sie ist ein Standardanschluss im Consumerbereich.

Toslink

Das optische Toslinkkabel arbeitet mittels Lichtwellenleiter und wird im Consumerbereich häufig für die Übertragung von Mehrkanalaudio verwendet.

Optisches Toslink-Kabel

Klinke

Klinkestecker gibt es als Mono- und Stereovariante in 2,5 mm, 3,5 mm (kleine Klinke) und 6,3 mm (große Klinke). Kleine Klinken finden sich im Consumerbereich und große Klinken im professionellen Bereich, hauptsächlich für den Anschluss von Lautsprechern oder Kopfhörern.

XLR

Ein XLR-Stecker ist ein robuster Stecker mit automatischer Verriegelung. Er wird verwendet für den Anschluss von Lautsprechern oder Mikrofonen. XLR-Stecker gibt es in 3-poligen, aber auch 5-poligen Versionen.

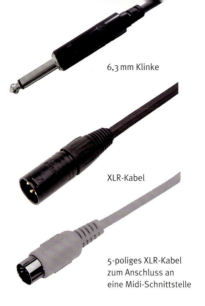

6,3 mm Klinke

XLR-Kabel

5-poliges XLR-Kabel zum Anschluss an eine Midi-Schnittstelle

Midi

Die Schnittstelle findet sich in der Regel an digitalen Instrumenten wieder, die musikalische Informationsdaten übertragen sollen. Ein Midi-Interface ist oftmals ein 5-poliger XLR Anschluss.

Schnittstellen am und im Computer

USB 1.1

Datenschnittstelle zum Anschluss externer Geräte an einen Computer. USB 1.1 kann theoretisch Daten mit bis zu 12 MBit/s übertragen. Dies ist jedoch davon abhängig wie der jeweilige USB-Anschluss genau klassifiziert ist. USB- Anschlüsse gibt es auch als Mini-USB.

USB 2.0

Datenschnittstelle zum Anschluss externer Geräte an einen Computer. USB 2.0 kann theoretisch Daten mit bis zu 480 MBit/s übertragen. Dies ist jedoch davon abhängig wie der jeweilige USB-Anschluss genau klassifiziert ist. USB- Anschlüsse gibt es auch als Mini-USB.

USB 3.0

Datenschnittstelle zum Anschluss externer Geräte an einen Computer. USB 3.0 kann theoretisch Daten mit bis zu 5 GBit/s übertragen. Dies ist jedoch davon abhängig wie der jeweilige USB-Anschluss genau klassifiziert ist.

Verschiedene USB Varianten

Firewire 400. 6-polig und 4-polig

IEEE1394a/Firewire 400
Schnittstelle zur Übertragung von Daten zwischen Festplatte oder Kamera und Computer. Firewire 400 kann dabei bis zu 400 MBit/s übertragen. Ein Firewire 400 Kabel darf maximal 10 Meter lang sein. Firewire 400 kommt als 4-poliger oder 6-poliger Stecker vor. Über einen 6-poligen Stecker kann neben den Daten auch noch Strom übertragen werden.

Firewire 800. 9-polig und 6-polig

IEEE1394b/Firewire 800
Schnittstelle zur Übertragung von Daten zwischen Festplatte oder Kamera und Computer. Firewire 800 kann dabei bis zu 800 MBit/s übertragen. Ein Firewire-800-Kabel darf maximal 100 Meter lang sein. Ein Firewire-800-Anschluss verlangt immer nach einem 9-poligen Stecker.

VGA-Stecker

VGA
Schnittstelle zur Übertragung von Bilddaten zwischen Grafikkarte und Monitor. VGA ist ein analoges System und fand daher bei Röhrenmonitoren Anwendung. Durch die Digitalisierung, auch seitens der Monitore (LCD-Screens), wurde VGA von DVI abgelöst.

DVI
Schnittstelle zur Übertragung von Bilddaten zwischen Grafikkarte und Monitor. DVI überträgt die Daten digital. Seit der Einführung von LCD-Displays war es sinnvoller die Daten gleich digital zu übertragen, da die sonst analogen Daten am Display wieder digital gewandelt werden mussten. Es existieren die drei Varianten DVI-A, DVI-I und DVI-D. Diese sind mechanisch untereinander nicht problemlos kompatibel.

DVI-Stecker

ADC

Apples eigene Variante der DVI-Schnittstelle zur Übertragung digitaler Bildinformationen auf einen Computermonitor. Die Schnittstelle gibt es als Mini-Variante an MacBooks oder als größere Variante an Desktop-Macs.

ADC-Stecker

Sonstige Schnittstellen

XLR/DMX

Ein DMX-Stecker gleicht einem XLR Stecker. Es gibt DMX-Kabel als 3-polige oder 5-polige Variante. DMX-Kabel werden für die Steuerung von Dimmern und Scannern über ein Lichtpult verwendet. Bis zu 512 Kanäle können mittels DMX-Schnittstelle gesteuert werden. Aus diesem Grund wird sie auch DMX 512 genannt.

XLR und DMX sehen als 3-poliger Stecker gleich aus

RS-232/D-Sub

Findet hauptsächlich Anwendung als Steuerungsschnittstelle von MAZen. Mittels Computer oder angeschlossener Fernbedienung lassen sich so zum Beispiel Bänder spulen. Länger als 15 Meter darf ein RS-232-Kabel nicht sein.

RS-422/D-Sub

Diese Weiterentwicklung der RS-232-Schnittstelle kann mehr Daten pro Sekunde übertragen (bis zu 10 MBit/s, während RS-232 nur bis zu 100 KBit/s übertragen kann). Dennoch wird auch RS-422 hauptsächlich in Studioumgebungen für die Steuerung von MAZen verwendet. Ein RS-422-Kabel darf maximal 1.200 Meter lang sein.

RS-232 und RS-422 sehen gleich aus

Vertonung

Einleitung

Ein Film besteht nicht nur aus Videos, Bildern und Animationen, sondern natürlich auch aus Musik, Geräuschen und Tönen. Kameramänner und von sich überzeugte Schnittprofis vergessen häufig die Wichtigkeit von gutem Ton und sehen diesen oft als zweitrangig an. Diese Einstellung ist grundlegend falsch, da ein Mensch nicht nur visuell Informationen aufnimmt, sondern auch auf dem auditiven Wege. Wer seine Filme fein schleifen möchte, der muss auf guten Ton genauso achten, wie auf gute Bilder. Hierzu ist es in erster Linie notwendig, dass bereits bei den Dreharbeiten guter Ton produziert wird. Im Schnitt ist es oft nicht möglich, schlechten, verrauschten oder knisternden Ton zu kompensieren.

> »Wer seine Filme fein schleifen möchte, der muss auf guten Ton genauso achten, wie auf gute Bilder.«

Doch auch der nachträglichen Vertonung sollte genügend Zeit eingeräumt werden. Die besten Filme sind die, die hörbare Effekte beinhalten, die vom Zuschauer meist nicht direkt wahrgenommen werden. Dies liegt bestenfalls daran, dass einem Zuschauer ein Film so real vorkommt, dass er nichts vermisst. Eine schlechte Vertonung hingegen lässt den Zuschauer spüren, dass irgendetwas fehlt. Er wird sich während des Betrachtens permanent darüber Gedanken machen, was ihm an diesem Film fehlt. So verspielen Sie die Chance, den Zuschauer mit einem guten Film zu fangen.

Atmosphäre

Wenn Sie nun die Augen schließen und einmal nur hören, was hören Sie dann? Richtig – mehr als Ihnen im ersten Moment auffällt. Sie hören Ihre Umgebung. Es gibt nur wenige Orte an denen es absolut keinen Umgebungston gibt, und das sind von Menschen gemachte schalldichte Räume. Egal wo Sie sich also befinden – es gibt immer Geräusche um Sie herum. Diese müssen natürlich auch in einem Film hörbar sein. Sie treten im Regelfall nicht in den Vordergrund und sind deshalb häufiger nur als Untergrundgeräusche relativ leise zu hören. Profis nennen diese Töne „Atmo" oder „Atmosphäre". Wurde diese beim Drehen richtig aufgenommen, dann gibt es beim Schnitt keine Probleme und nur wenige Gründe sie nicht mit in den fertigen Film zu schneiden. Sie richtig aufzuzeichnen ist jedoch eine Kunst für sich. Verantwortlich dafür ist bei einem Dreh der Tonassistent, aber auch der Kameramann, wenn er alleine unterwegs ist. In jedem Fall sollten am Drehort circa fünf Minuten Atmo aufgezeichnet werden. Dafür ist es notwendig, dass störende Fremdgeräusche vom Team vermieden werden. Es ist also absolute Ruhe seitens der aufnehmenden Crew notwendig, um eine gelungene und verwendbare Atmo aufzuzeichnen.

Sprechertexte

Natürlich muss in vielen Filmen gesprochen werden, da ein Bild nicht immer für sich selbst stehen kann. Ein geeigneter Sprecher muss also her. Dieser bekommt im Regelfall vorher den Text, den er sprechen soll. Da fängt die Problematik meist schon an. Ein ordentlicher und lesbarer Sprechertext muss frei von unnötiger Zeichensetzung sein. Ein Sprecher kann keine Texte in Klammern lesen. Halten Sie den Text also frei von jeder Klammer. Auch Anführungszeichen sind für den Sprecher nicht leicht zu interpretieren. Schreiben Sie für ihn also immer einen klar verständlichen Text. Dieser sollte sich an die Grundregeln für TV-Texte halten:

Kurz und prägnant.
Keine umständlichen Formulierungen.
Kurze Sätze ohne Verschachtelung.
Keine doppelten Verneinungen (am besten gar keine Verneinungen).
So wenig wie möglich Fachchinesisch und keine Abkürzungen.

> *»Ein Sprecher kann keine Texte*
> *in Klammern lesen.«*

Der Sprecher muss neben einem guten Text weitere Informationen bekommen. Er muss wissen wie er Wörter aussprechen soll, die nicht im täglichen Sprachgebrauch verwendet werden. Er muss wissen, welche Wörter er besonders betonen soll und in welcher Geschwindigkeit er sprechen soll. Wie werden Abkürzungen gesprochen – Deutsch oder Englisch, zusammenhängend oder als einzelne Buchstaben? Lesen Sie den Text und überlegen Sie, an welchen Stellen eine externe Person nicht wissen könnte, wie etwas gesprochen wird.

Beim Schnitt von Sprechertexten ist auf einige Dinge zu achten. Ist ein Sprecher kein Profi, oder gerade in Eile, kommt es häufiger vor, dass man noch das Rascheln von Papier oder andere Nebengeräusche hört. Diese müssen vermieden werden. Lässt sich dies nicht herausschneiden, da das Rascheln mitten in der Sprachaufnahme ist, so muss der Sprecher den Text neu sprechen. Einen gesprochenen Text mit Nebengeräuschen zu verwenden ist nicht professionell. Genauso verhält es sich, wenn ein Sprecher Silben oder Endungen verschluckt. Ein guter Sprecher tut dies nicht und nimmt einen Text so auf, wie er auf Hochdeutsch (oder der jeweiligen Landessprache) gesprochen wird. Aus diesem Grund müssen Sie immer darauf achten, dass keine Wortteile verschluckt werden.

>»Einen gesprochenen Text mit Nebengeräuschen zu verwenden ist nicht professionell.«

Schlussendlich ist es empfehlenswert bei Fremdsprachenaufnahmen immer auf native Sprecher zurückzugreifen. Nur jemand der eine Sprache als Muttersprache beherrscht, kennt auch die Feinheiten dieser Sprache. Kleinste Änderungen in der Betonung, der Austausch von schlecht übersetzten Wörtern oder der Umbau eines Satzes können nur von einem nativen Sprecher vorgenommen werden. Jemand der eine Sprache nur gelernt hat, wird niemals alles richtig machen.

Sprecher

Schreiben Kunden Dialoge oder Sprechertexte selbst, ist es oftmals so, dass diese nicht problemlos umsetzbar sind. Die Probleme betreffen den Sprecher, der Wortgruppen oder ganze Passagen vielleicht nicht flüssig aussprechen kann, aber auch den zukünftigen Zuschauer des Films. Sind gesprochene Sätze zu verschachtelt oder falsch aufgebaut, verliert der Zuschauer häufig den Faden. Der Film hat sein Ziel nicht erreicht.

Aus diesem Grunde müssen Texte, die vom Kunden geschrieben werden, penibel durchgelesen und in Absprache mit dem Kunden geändert werden. Texte, die selbst geschrieben werden, sollten ebenso geprüft und mit dem Kunden besprochen werden. Erst wenn der Kunde die Freigabe für den Text erteilt, kann er gesprochen werden. Auf der sicheren Seite sind Sie, wenn Sie diese Freigabe schriftlich unter Bezugnahme auf den jeweiligen Text erhalten. So haben Sie, im Falle von Unstimmigkeiten, immer einen schriftlichen Beweis in der Hand.

Es gibt viele Bücher über den richtigen Einsatz von Sprechertexten. Einige davon sollten in jedem guten Produktionshaus stehen. Grundsätzlich zusammengefasst lassen sich jedoch folgende Punkte aufführen:

Verfolgt der Text eine Dramaturgie?
Nicht nur Bilder müssen dramaturgisch ausgebaut werden, sondern auch der Sprechertext oder die Dialoge. Es geht immer darum beim Zuschauer ein Interesse zu wecken, ihn ein wenig zappeln zu lassen, Spannung zu erzeugen, um dann das gesteigerte Interesse aufzulösen. Selbst bei Produktfilmen sollte der Zuschauer zuerst die Chance erhalten sich mit einer Problemstellung zu identifizieren, bevor die Lösung des Problems – das Produkt – angesprochen wird. Bei Schulungsfilmen muss der Text Fakten enthalten, sollte dem Zuschauer jedoch grundsätzlich einen Bezug zur Realität liefern können. Die bloße Aneinanderreihung von Aussagen ist auf Dauer also langweilig.

Sind die Sätze kurz und knapp?
Schachtelsätze sind im Sprechertext nicht tragbar. Jeder Satz sollte für sich selbst stehen, wobei die Hauptaussage, entgegen dem schriftlichen Text, ans Ende gesetzt werden sollte. So bleibt sie im Kopf des Zuschauers hängen. Mit einem einfachen Satzbau vermeiden Sie, dass der Zuschauer mehr über die Satzstruktur als über den Inhalt nachdenkt.

Sind die Sätze frei von Rechtschreib- und Grammatikfehlern?
Dies erscheint müßig, da der Sprechertext gesprochen wird und man Rechtschreibfehler dort nicht hört, doch es ist unbedingt darauf zu achten, dass der Text frei von Fehlern ist. Der Grund ist nicht der Sprecher, sondern der Kunde. Der gewinnt und entwickelt seinen Eindruck von einem Unternehmen auf Basis solcher vermeintlichen Kleinigkeiten. Der Kunde muss einen fehlerfreien Text geliefert bekommen – so stärken Sie Ihre Position des zuverlässigen tadellosen Unternehmens.

> *»Der Kunde muss einen fehlerfreien Text*
> *geliefert bekommen – so stärken Sie Ihre Position*
> *des zuverlässigen tadellosen Unternehmens.«*

Sind Satzzeichen richtig angewendet?
Umgangssprache, SMS, E-Mails und Social Networks verrohen die Schriftsprache. Beim Schreiben eines Texts müssen Sie sich auf den Inhalt besinnen und unnötige Satzzeichen vermeiden. Ein Ausrufezeichen muss nicht mehrmals aufgeführt werden, um die Aussage des "Ausrufens" zu stärken. Ein Fragezeichen muss nicht 3-mal geschrieben sein, um den Anwender als kompletten Idioten darzustellen. Satzzeichen werden einmal verwendet, dann jedoch richtig. Ein Sprecher kann keine Klammer sprechen. Es ist also wichtig, dass dem Sprecher klar ist, was er sprechen soll. Sieht er sich einer Klammer ausgesetzt, so kann dies bedeuten, dass er einen Satz entweder in zwei Alternativen sprechen soll oder dass er den Inhalt der Klammer besonders betonen soll. Dem Spre-

cher muss unbedingt klar gemacht werden, welche Bedeutung die Klammer im Text hat. Auf Nummer Sicher gehen Sie, wenn gar keine Klammern verwendet werden.

Kann Fachchinesisch umgangen werden oder ist es gewollt?
Fachchinesisch und Abkürzungen, die niemand versteht, können sehr gefährlich sein. Richtet sich ein Film an eine bestimmte Branche oder an Personen, die die entsprechenden Begriffe kennen, so ist es möglich branchenspezifische Wörter zu nutzen. Dennoch muss sichergestellt sein, dass jeder Nutzer des Films versteht wovon gesprochen wird. Der Text im Film sollte Zuschauer aller Bildungsschichten erreichen, vom Kind bis zum Erwachsenen. Als Leitfaden beim Schreiben sollten Sie sich vorstellen, dass der Text von einem 10-jährigen Kind verstanden werden muss. Nur wenn das der Fall ist, können Sie sicher sein, dass der Inhalt des Textes auch von allen anderen verstanden wird.

Entsprechen die Sätze dem, was gefilmt wurde oder gefilmt wird?
Ein Sprechertext soll nicht komplett das wiedergeben, was sowieso im Bild zu sehen ist. Er soll das Bild vielmehr ergänzen. Gleichermaßen darf er nicht auf Dinge eingehen, die nichts mit dem Bild zu tun haben. Dieses Phänomen nennt man Bild-Ton-Schere und es beschreibt, dass sich Bild- und Textinhalt komplett voneinander unterscheiden. Der Sprechertext muss also im Normalfall das aufgreifen, was im Bild zu sehen ist und es inhaltlich erweitern. Es ist also notwendig, dass Sie die Bilder zum Sprechertext kennen oder zumindest im Kopf haben.

Ist dem Kunden klar, dass der Sprechertext so final wie möglich ist?
Dem Kunden ist oft nicht bewusst, dass ein Sprechertext tatsächlich von einem professionellen Sprecher in einem Tonstudio eingesprochen wird. Dies kostet Zeit und Geld. Nachträgliche Änderungen am Sprechertext sind grundsätzlich mit erhöhten Kosten verbunden, insofern der Fehler nicht auf Sprecherseite oder auf der Unternehmensseite lag. Dem Kunden muss also unbedingt klar gemacht werden, dass ein Text, der zum Sprecher geht, final sein sollte. Ansonsten fallen erhöhte Kosten an.

Übersetzung und Sprachaufnahme

Industriekunden wollen häufig nicht nur einen Film in Deutsch. Sie wollen ihn meist multilingual, also mehrsprachig. Dies ist insbesondere dann der Fall, wenn Produkte oder Leistungen auch im Ausland vertrieben werden. Standardmäßig werden Filme neben Deutsch auch in Englisch produziert. Einen Film mehrsprachig zu produzieren scheint zunächst kein großes Problem zu sein. Das ist ein Trugschluss.

Welche Sprache darf es sein?
Englisch ist nicht gleich Englisch. Es gibt u.a. amerikanisches, britisches und australisches Englisch. Dies sind die drei Hauptgruppen, wenn Sie davon absehen, dass auch in anderen Ländern Englisch mit bestimmtem Dialekt gesprochen wird. Es gibt europäisches und kanadisches Französisch. Es gibt europäisches und südamerikanisches Spanisch und es gibt europäisches und brasilianisches Portugiesisch. Auch Chinesisch teilt sich in unterschiedliche Bereiche, wobei Mandarin das am häufigsten gesprochene Chinesisch ist.

Es ist also wichtig mit dem Kunden zu klären, in welchem Land der Film eingesetzt werden soll, und dann die entsprechende Landessprache zu wählen. Briten fühlen sich mit amerikanischem Englisch nicht immer wohl. Genauso ist es umgekehrt. Manchmal liegt es nicht mal an persönlichem Unbehagen gegenüber den jeweils Anderen, sondern einfach am Vokabular, welches sich innerhalb der einzelnen Sprachvariationen ebenso unterscheidet.

Den richtigen Übersetzer wählen.
Übersetzungen sollten nur von Profis vorgenommen werden. Nur sie wissen, welche Wörter zu verwenden sind, was im Sprachgebrauch aktuell ist und wie gewisse Sätze umgeschrieben werden müssen. Selbst zu übersetzen birgt die Gefahr Fehler zu machen, die zu spät bemerkt werden. Übersetzer ist jedoch nicht gleich Übersetzer. Es gibt Fachübersetzer für bestimmte Branchen. Ein Übersetzer für die Medizinbranche kann nicht einfach einen Text zum Thema Metallverarbeitung übersetzen. Am besten suchen Sie den Kontakt zu einem Übersetzungsbüro. Dort werden Sie im Normalfall entsprechend vermittelt. Übersetzer rechnen im Regelfall nach Zeilenanzahl oder Wortanzahl ab. Je nach Sprache können die Preise stark variieren. Deutsch-Englisch Übersetzer gibt es hierzulande viele, so dass das Preisniveau recht niedrig ist. Deutsch-Chinesisch Übersetzer hingegen sind eher Mangelware. Das Preisniveau ist hoch.

Als Alternative zu einem Übersetzen können Sie auch einen Dolmetscher suchen. Sie können im Regelfall ebenfalls für Übersetzungen herangezogen werden.

Native Sprecher wählen
Egal wie gut ein Deutscher Englisch kann oder wie vermeintlich perfekt ein Portugiese Spanisch spricht – die aufgezeichneten Sprachen sollten immer von einem nativen Sprecher gesprochen werden, einem Muttersprachler also. Dabei dürfen keine Ausnahmen gemacht werden, da früher oder später ein Spanier einen Akzent hören wird und ein Amerikaner über das doch recht laienhaft anmutende Englisch schmunzeln wird. Als deutsche Muttersprachler sind wir nicht in der Lage die Intonation, Sprachmelodie,

Sprachgeschwindigkeit und Lautbildung einer anderen Sprache nachzuvollziehen. Teilweise können wir eine andere Sprache niemals perfekt sprechen. Die Gefahr ist zu groß, Wörter fehlerhaft auszusprechen. Einem Muttersprachler passiert dies nicht.

Es muss sich bei Sprechern immer um ausgebildete Sprecher handeln. Amateure und Laien sind nicht in der Lage fehlerfrei und „gut" zu sprechen. Ihnen fehlt die Fähigkeit, den Zuschauer über die Sprachmelodie und die Geschwindigkeit zu fesseln. Sprecher aus dem Ausland finden Sie entweder bei Sprecheragenturen in Deutschland oder im Internet auf entsprechenden Plattformen.

Kosten für Sprecher
Nutzen Sie eine Agentur, so fallen im Regelfall Agenturprovisionen an. Im Internet dagegen können Sie oft den direkten Kontakt zum Sprecher finden. Verfügt dieser über sein eigenes Studio, dann ist es häufig schneller und einfacher, als wenn ein Sprecher noch ins Tonstudio muss, welches Gebühren für die Nutzung verlangt.

In Deutschland fallen Sprecher unter die KSK- Pflicht. Die KSK ist die Künstlersozialkasse und unterstützt freischaffende Künstler bei der Zahlung ihrer Sozialabgaben. Sprecherhonorare für deutsche Sprecher müssen also am Ende des Jahres immer der KSK gemeldet werden. Ein Sprecher kann den Preis für sich selbst festsetzen. Oftmals ist dieser Preis aber noch verhandelbar. In Deutschland richten sich Sprecher oft nach festgelegten Tarifen. Einige Sprecher rechnen nach Anzahl der Seiten ab, andere rechnen nach Takes ab (ein Take entspricht in etwa einem Satz oder einer Aussage in einem Dialog), wieder andere rechnen nach Minuten ab.

Die Art der Abrechnung und deren Höhe richtet sich nach Verwendung der Sprachaufnahme. Industriefilme sind hierbei oftmals im Vorteil gegenüber Produkten, die im TV oder Radio verwendet werden. Bei diesen Medien wird oft nach regionaler und bundesweiter Ausstrahlung getrennt. Häufig zahlen Sie auch für sogenannte Buy-Out Rechte, die es erlauben die Sprachaufnahme für einen bestimmten Zeitraum zu nutzen.

Gebärdensprache
Kommt es vor, dass Gebärdensprache Einsatz kommen soll, so müssen Sie sich in jedem Fall von einem Profi unterstützen lassen. Diplomierte Gebärdensprachdolmetscher sind dabei erste Wahl. Diese finden Sie an Gehörlosenschulen. Das Internet hilft weiter. Gebärdensprachdolmetscher müssen über die notwendigen Gebärden im jeweiligen Themengebiet verfügen. Wie auch bei gesprochener Sprache gibt es bei Gebärdensprache Unterschiede. Lassen Sie sich vom jeweiligen Dolmetscher erklären, welche Gebärdensprache er anwendet. Gebärdensprachdolmetscher rechnen im Regelfall nach Einsatz-

zeit ab. Sie müssen den Text gesprochen hören, so dass sie parallel dazu übersetzen können. Die Preise richten sich nach den üblichen Honoraren und müssen mit dem jeweiligen Dolmetscher besprochen werden.

Musik

Musik ist ein essentieller Bestandteil jeder Vertonung. Musik steht für Emotionen und verstärkt Bilder in ihrer Intensität, wenn sie richtig angewendet wird. Dafür muss Musik jedoch auch richtig angewendet werden, da sie ansonsten ihr Ziel verfehlen kann. Dies betrifft nicht nur die Auswahl der richtigen Musik, um eine entsprechende Aussage zu untermauern, sondern auch die Anwendung derselben. Ein beliebter Fehler ist zum Beispiel, dass Musik als Ersatz für jegliche Atmo genutzt wird. Musik muss zusätzlich zur Atmo eingesetzt werden, darf diese aber nicht ersetzen. Ein feinfühliges Pegeln zwischen Atmo und Musik wird verlangt, je nachdem was als wichtiger eingestuft wird. Steht die Emotion im Vordergrund, so sollte Musik lauter sein als Atmo. Steht jedoch die Vermittlung einer Situation im Vordergrund, so darf Atmo teilweise auch etwas lauter sein als die Musik. Ob Sie es zu sehr übertreiben, hören Sie jedoch auch selbst, wenn Sie einen Film einmal komplett anschauen. Es ist selbst für Laien spürbar, wenn Atmo zu laut ist.

> *»Musik steht für Emotionen und verstärkt Bilder*
> *in ihrer Intensität, wenn sie richtig angewendet wird.«*

Musik, die zusammen mit einem Sprecher eingesetzt wird, muss vernünftig gepegelt sein. In erster Linie muss dem Sprecher die meiste Aufmerksamkeit geschenkt werden. Er darf also nicht von der Musik dominiert werden. Auch sollte die Musik, wenn ein Sprecher spricht, im besten Fall ohne Vocals, also Gesang, auskommen. Allzu leicht kann der Zuschauer durcheinander kommen und sich plötzlich auf den Gesang konzentrieren. Wenn es nicht anders geht, ist es hilfreich den Gesang in einer anderen Sprache als der des Textes zu nutzen. So ist der Zuschauer weniger abgelenkt, da er eher auf die Sprache achtet, die er versteht.

Die Musik darf lauter gepegelt werden, wenn kein Sprecher spricht. Doch Vorsicht: Nicht jede Sprechpause muss auch mit einer lauter werdenden Musik untermalt werden. Macht der Sprecher länger als vier bis fünf Sekunden Pause, so können Sie die Musik ruhig kurzfristig lauter pegeln.

Beim Einsatz von Musik müssen Sie grundsätzlich auf die Rechte achten. Die GEMA verteilt Tantiemen an alle Künstler, die bei ihr gemeldet sind und deren Musik zum Einsatz kommt. Überprüfen Sie dies und zahlen Sie die GEMA-Gebühren gemäß des Regelwerks der GEMA. Zusätzlich ist es oft notwendig, dass Sie Nutzungsgebühren an den jeweiligen Künstler oder dessen Label zahlen. Nutzen Sie GEMA-freie Musik, so entfällt lediglich die GEMA-Gebühr – der Einsatz der Musik muss dennoch beim Künstler oder beim Label gezahlt werden. Dafür gibt es Tarifmodelle, bei denen Sie eine unbegrenzte Nutzung der Titel erwerben, aber auch Modelle, bei denen Sie zeitlich, räumlich oder inhaltlich begrenzte Nutzungsrechte erwerben.

Im Idealfall wird in Ihrem Unternehmen Musik selbst produziert. GEMA-Gebühren entfallen dann, solange der Komponist aus Ihrem Hause nicht selbst bei der GEMA gemeldet ist.

Interessante Webseiten

Ohne Internet geht es natürlich auch im Medienbereich nicht mehr. Einige sehr interessante Webseiten für Mediengestalter gibt es in der nachfolgender Liste:

www.slashcam.de
Eine großartige, allumfassende Seite zum Thema Videoschnitt und Videofilmen.

www.moviecollege.de
Diese sehr umfangreiche Seite beschäftigt sich ebenfalls mit dem Thema Videofilmen und bietet diverse Tipps und Tricks.

www.mediengestalter.info
Ein Portal, welches sich explizit an Mediengestalter (Digital und Print, Bild und Ton) richtet.

www.bet.de/lexikon/
Ein sehr großes, kostenloses Fachwörterbuch mit einer Vielzahl an Begriffen.

www.finalcutprofi.de
Alles rund um das Arbeiten mit Videos. Hierbei geht es in der Hauptsache um die Arbeit mit Final Cut, doch auch Komprimierungsprogramme, Authoringsoftware und diverse andere Programme für den Videoschnitt finden hier eine Plattform. Die Seite zeichnet sich durch sehr schnelle und kompetente Hilfe aus.

www.crew-united.de
Für alle, die ihre Crew suchen – seien es nun Kameramänner, Schauspieler oder Komparsen. Auf crew-united finden sich jedoch auch Jobangebote. Einzelpersonen und Firmen können sich mittels Profil vorstellen etc.

www.bodalgo.de
Ein Marktplatz für Sprecher und Sprecherinnen – maßgeblich Deutsch. Doch auch internationale Sprecher lassen sich hier finden.

www.voice123.com
Eine riesengroße Quelle internationaler Sprecher aller Sprachen. Die Plattform ist leider nur in englischer Sprache zugänglich, dafür sorgt die große Verbreitung innerhalb der Sprecherszene dafür, sehr schnell die richtige Stimme zu finden.

www.gehoerlosen-bund.de/dolmetschen/gebaerdensprachdolmetscher_liste.htm
Hier finden Sie Gebärdensprachdolmetscher, um Videos auch Gehörlosen zugängig zu machen.

www.stagepool.de
Eine deutschsprachige Plattform für die Darstellersuche.

www.creativecow.net
Eine englischsprachige Plattform mit allerhand Tutorials rund um das Thema Videoschnitt und Effekte.

www.tutorials.de
Tutorials für eine Vielzahl an Programmen. Hierzu zählt natürlich nicht nur Videoschnittsoftware.

www.3d02.com
Verkaufsplattform für 3D Models. Eine Vielzahl unterschiedlicher 3D Programme werden hierbei bedient.

www.interclips.de
Ein kleineres deutschsprachiges Videofootageportal. Interclips achtet sehr auf qualitativ hochwertige Videoclips, weshalb Sie hier nicht alles finden. Das, was Sie finden, ist jedoch von hoher Qualität. Interclips ist noch dazu ein sehr günstiges Videoportal.

www.pond5.com
Auch Pond5 ist ein Portal für Videofootage. Die Auswahl ist sehr groß, die Clips in der Regel sehr günstig.

www.clipdealer.de
Ein sehr großes deutschsprachiges Videofootageportal. Auch hier wird auf Qualität geachtet. Das Angebot an Videoclips ist enorm und die Preise sind günstig. In der Regel wird man hier fündig.

www.jupiterimages.com
Hierbei handelt es sich um ein Bildportal für den Ankauf von Fotos, Illustrationen und Grafiken. Die Auswahl ist immens und die Preise sind sehr günstig.

www.corbismotion.com
Hier wird fündig, wer hochqualitatives Material benötigt. Die Aufnahmen werden alle-

samt nur von hochprofessionellen Kameramännern gemacht. Sie finden hier ebenso Unmengen historischer Aufnahmen. Corbis Motion zeichnet sich durch ein großes Angebot aus, jedoch sind die Lizensierungsmodelle teilweise sehr schwierig zu verstehen. Die Preise sprechen für sich.

www.gettyimages.de
Auch gettyimages steht für qualitativ sehr hochwertiges Material. Sie durchforsten bei gettyimages nicht nur das portaleigene Archiv, sondern gleichzeitig noch diverse andere Portale. Auch hier gibt es diverse Lizensierungsmodelle, die bei der Bilder-, Illustrations-, Grafik- und Videosuche teilweise zu Missverständnissen führen können.

www.artbeats.com
Artbeats hat keine schwierigen Lizenzmodelle, sondern einwandfreies Videofootage. Die Preise sprechen für sich.

www.istockvideo.com
Angelehnt an istockphoto gibt es bei istockvideo Videofootage. Die Preise sind günstig und die Qualität des Materials ist sehr hochwertig.

www.clipcanvas.com
Clipcanvas ist ein weiteres, leider nur in englischer Sprache zur Verfügung stehendes Videoportal.

www.itnsource.com
Große Nachrichtenportale wie Reuters oder dpa verfügen über Unmengen an Videos aus dem täglichen Newsbereich. Diese Videos sind auch für Produktionsunternehmen zugänglich. Die zentrale Vermarktung der ganzen Newsvideos läuft über die Plattform itnsource. Hier werden Sie fündig, wenn Sie kein hochwertiges Videofootage benötigen, sondern wenn Sie Aufnahmen aus Fernsehnews brauchen.

Interessante Bücher

Weitergehende Literatur ist immer zu empfehlen, da sie die Ausführungen in diesem Buch ergänzt.

Ralf Biebeler – **Bildgestaltung, Schnitt, Musikauswahl** (Mediabook Verlag 2007)
Ralf Biebeler – **Video Codecs** (Schiele und Schön, 2011)
Ralf Biebeler – **Lexikon des Videozubehörs** (Schiele und Schön 2008)
Andreas Baumert – **Professionell Texten** (Deutscher Taschenbuch Verlag 2008)
Wolf Schneider – **Deutsch! Das Handbuch für attraktive Texte** (rororo 2007)
Martin Ordolff und Stefan Wachtel – **Texten für TV** (UvK 2009)
Horst Werner – **Fernsehen machen** (UvK 2009)
Achim Dunker – **Licht- und Schattengestaltung im Film** (UvK 2008)
Detlef Fluch – **Technische Grundlagen für Mediengestalter** (Books on Demand 2008)

Stichwortverzeichnis

A

Ablenkung	44, 51, 72
Acht	53
ADC	94
Adressliste	11
Amateurschauspieler	15
Amerikanisch	73, 74
Animation	13, 16
Anschlussfehler	69
Ansteckmikrofon	18
Arbeitssicherheit	47, 48
Atmo	54, 55, 96, 102
Aufheller	51
Auflagemaß	58, 59
Auflösung	57, 73, 76, 85, 86, 87
Aufnahmeformat	22, 57
Aufnahmeleiter	42
Auftragsbestätigung	28, 29
Außendienst	13
Autofokus	59
Autostativ	21
AVI	87, 88, 89

B

Berufsgenossenschaft	47
Beschnitt	71, 72
Best Boy	49
Beta	12, 57
Bild/Ton Schere	80, 99
Bildaufbau	43, 70, 77
Bildformat	57

Bildinhalte	83
Blende	34, 60-63, 65, 66, 78, 79, 81
Blu-ray	13, 16, 57, 83, 87, 88, 89, 91
Bluescreen	75
BNC	90
Budget	13, 32, 77

C

CAD	16
Cartoon	13
Casting	38
Catering	9
CI (siehe Corporate Identity)	5, 26, 34, 81, 83
Cinch	21, 20, 90, 91
Close	74
Codec	22, 87-89, 91
Compact Flash	21
Container	87-89

D

Dämpfung	67, 68
Darsteller	14, 15, 32, 35, 38-41, 43, 44, 50, 52, 71, 72
Datenrate	21, 87, 91
Deadline	12
Detail	26, 38, 42, 44, 69, 74, 79
Detailgenauigkeit	26
Dialog	44, 55, 97, 98, 101
Digi-Beta	12
Dimmer	22, 39, 50, 94

Diskretion	27
DivX	88, 89
DMX	20, 94
Dolly	21, 22, 39, 68, 69
Drehbuch	7, 30, 31, 35, 36, 38, 40, 43, 48
Drehgenehmigung	37, 38, 41
Drehort	36, 38, 40, 41, 37, 54, 55, 96
Drehplan	40, 41, 43
Drei-Punkt-Ausleuchtung	49, 51
DV-PAL	87, 89
DVCAM	57
DVCPRO50	57, 87
DVCPROHD	5, 22, 57, 76, 87
DVD	13, 16, 57, 83, 88, 87, 91
DVI	93, 94

E

Effektblende	78, 79, 81
Ehrlichkeit	26
Eigeninitiative	26
Einstellungsgrößen	30, 35, 44, 46, 57, 58, 71, 72, 73, 74, 79, 80, 81, 84
Engagement	25
Eurokabel	39
Explosivstoffe	38
Exposé	30, 35

F

Farbbalken	64
Farbtemperatur	23, 50, 51, 60
FBAS	61, 90, 91
Feedback Destroyer	20, 21
Fehler	25, 26, 34, 50, 58, 60, 69, 77, 83, 98, 99, 100, 102
Fernsehnorm	57, 84
Feuerwehr	38
Firewire	38, 39, 93
Flash	21, 88, 89
Flexibilität	28
Fluchtweg	47
Fokus	58-59
Fremdsprache	16, 97
French Flag	39
Freundlichkeit	10, 27
Frost	23, 52
Führung	51
Funkstrecke	18, 19, 39, 54

G

Gaffer	41, 49
Gazé	23, 39, 52
Gebärdensprache	101
Geduld	27
GEMA	102, 103
Goldener Schnitt	5, 44, 70
Greenscreen	7, 36, 74, 75, 76

H

H.264	87-89
Halbnah	44, 74, 79
Halbbildfehler	83
Halbbildverfahren	76, 85
Halbtotal	74
Handkamera	66, 67
Hardcut	66, 78
Harmonie	70
HD (High Definition)	5, 22, 57, 84, 85, 86, 91
HDCAM	57, 76
HDV	22, 57, 87
Hinterkamerabedienung	39, 58
Hitzebeständige Folien	23
Hosiden	90
Hotel	40
Hyperniere	54

I

IEEE1394	93
Illustrator	31
Imagefilm	11
IMX	22, 57

K

Kabeltester	20, 21
Kaltgerätekabel	39
Kamerabewegung	59, 66, 67, 68
Kameramonitor	64, 65
Kelvin	5, 51
Keule	18, 53
Keying	6, 74, 76, 77
Kinder	41, 71
Klinke	20, 21, 92
Knetfiguren	13
Kopfhörer	18, 39, 53, 55, 92
Kompendium	6, 39
Kompetenz	5, 25, 34
Konzept	13, 30-34, 36, 45, 66, 68, 77-80, 82
Kugel	53
Kundenzufriedenheit	9, 36
Künstlersozialkasse	15, 16, 101
Kunstlicht	22, 51

L

Laiendarsteller	14, 15, 71
Lautsprecher	19, 20
LCD Screen	62, 64, 65, 73, 83, 93
Licht	18, 22, 23, 39, 43, 49-52, 56, 60, 63, 65
Lippensynchron	17

M

Make-Up	72
Maske	14, 72
Matroska	88
Messefilm	57
Mietwagen	9, 40
Midi	92
Mikrofonie	19, 39, 54
MJPEG	89
MOV	87, 88, 89
MPEG-1	88
MPEG-2	87, 88
MPEG-4	87, 88
Musik	13, 95, 102-103
Musterhaus	37

N

ND-Filter	62, 63
Nierenmikrofon	18, 54
Neonlicht	50
Neugierde	79
Neukunden	10, 25, 34
NTSC	5, 57, 84-87

O

Öffentlichkeitsarbeit	37
Overscan	65

P

PA	19
PAL	5, 57, 61, 62, 84-87, 89
Pausen	41, 48, 68, 72, 102
Pegel	53-55, 102
Phantomspeisung	5, 55
Pixel	85, 86
Polarisierung	13, 65
Polizei	37
POS-Video	11
Produktvideo	11, 79
Projektkoordination	41

Q
Quadratische Pixel 85, 86
Quicktime 87

R
Rechteckige Pixel 85, 86
Regisseur 14, 15, 31, 41, 43, 50, 56, 57, 65, 68, 69
RGBHV 90
Richtcharakteristik 52-54
RS-232 94
RS-422 94
Rückenschonendes Arbeiten 48

S
S-Video 61, 90
Safe Area 65, 83
Schärfe 44, 58, 59, 62-65
Schärfeverlagerung 58
Schatten 50, 51, 75, 81
Schauspieler 14-16
Schnelligkeit 25
Schnittgeschwindigkeit 80
Schuss/Gegenschuss 44
Schwarzabgleich 60
Schwebesystem 21, 22, 39, 68
Scriptgirl 69
SD (Standard Definition) 5, 57, 84, 85, 86
SDI 61, 76, 90
SECAM 57, 84, 86
Selbstvertrauen 7, 48, 49
Shutter 50, 61, 62, 63
Siemensstern 59
Skintone 52
Sonnenreflex 50
Spannung 79, 98
Spiegelung 65
Spitzlicht 75
Sprachaufnahme 17, 97, 99, 101
Sprecher 15, 17, 35, 80, 96-102
Sprechertext 96-99
Stammkunden 25
Stanzmaske 75
Statement 44, 72, 82
Stativ 18, 19, 21, 39, 57, 66-68, 70, 71
Steadycam 68
Steadystick 68
Stopp-Trick 13
Storyboard 31, 35
Stromanschluss 22
Stromleistung 22
Studioproduktion 36, 37, 74, 90, 94
Sucher 7, 53, 57, 63, 64
Superniere 54
Symmetrie 44, 70
Synchronaufnahme 17

T
Tageslicht 23, 51
Technikplan 38, 39
Telefonieren 10, 29
Telefonliste 41
Texte 16, 17, 30, 83, 96, 97, 99, 100, 102
Tiere 41, 71
Title Safe 83
Toslink 91
Totale 73, 74, 84
Transport 40
Treatment 30
Tungsten 51
TV-Spot 11

U
Überstunden 12, 13
Underscan 65
Unfälle 38
Untertitel 16, 17
USB 39, 92

V

VC-1	87, 89
Verbandskasten	47
Verbindlichkeit	5, 26
Verleih	17, 20, 39
Vertonung	7, 16, 32, 95-103
Vertrauen	10, 18, 23, 26, 27, 35, 48, 49
VFX (Visual Effects)	6, 16
VGA	93

W

Watt	22, 51
Weißabgleich	23, 51, 60
Weitwinkel	58, 59, 67
WMV	87-89

X

XLR	20, 21, 39, 92, 94

Y

Y/C	90, 91
YCbCr	90
YouTube	11, 13, 89
YUV	90

Z

Zebra	60, 61, 65
Zeitlupe	82
Zeitplan	40, 41
Zeitraffer	82
Zeitsynchron	17
Zielpublikum	13, 80